健身房使用手册

杨斌 李硕 邢磊 编著

人民邮电出版社

北京

图书在版编目（CIP）数据

健身房使用手册 / 杨斌，李硕，邢磊编著. -- 北京：
人民邮电出版社，2024.1
ISBN 978-7-115-55756-8

Ⅰ. ①健… Ⅱ. ①杨… ②李… ③邢… Ⅲ. ①健身运
动－手册 Ⅳ. ①G883-62

中国版本图书馆CIP数据核字（2020）第269076号

免责声明

本书内容旨在为大众提供有用的信息。所有材料（包括文本、图形和图像）仅供参考，不能替代医疗诊断、建议、治疗或来自专业人士的意见。所有读者在需要医疗或其他专业协助时，均应向专业的医疗保健机构或医生进行咨询。作者和出版商都已尽可能确保本书技术上的准确性以及合理性，并特别声明，不会承担由于使用本出版物中的材料而遭受的任何损伤所直接或间接产生的与个人或团体相关的一切责任、损失或风险。

内容提要

分不清进到健身房应该去哪里？听不懂健身教练说的专业术语？搞不清自己去健身房该练什么？如果你也有这样类似的问题，希望你可以在这里找到答案。本书是一本全面的健身房使用手册，帮你清晰了解健身房的区域划分、教练职责、各种健身设备的使用等内容，并提供了自我测试和评估的方法，同时给你丰富的训练方案选择，以帮助你充分了解健身房并快速开始正确的训练。此外，随书附赠训练动作的相关视频，适合零基础健身人群、健身爱好者阅读，健身教练和体育专业师生也可以作为健身教材使用。

◆ 编　著　杨　斌　李　硕　邢　磊
　　责任编辑　李　璇
　　责任印制　周昇亮
◆ 人民邮电出版社出版发行　　北京市丰台区成寿寺路 11 号
　　邮编　100164　　电子邮件　315@ptpress.com.cn
　　网址　https://www.ptpress.com.cn
　　三河市中晟雅豪印务有限公司印刷
◆ 开本：700×1000　1/16
　　印张：15　　　　　　　　　　2024 年 1 月第 1 版
　　字数：294 千字　　　　　　　2024 年 1 月河北第 1 次印刷

定价：59.80 元

读者服务热线：(010)81055296　印装质量热线：(010)81055316
反盗版热线：(010)81055315
广告经营许可证：京东市监广登字 20170147 号

目录

1

明确健身的目的 ················· 008
减少脂肪 ······················ 008
增加肌肉 ······················ 009
塑形美体 ······················ 010
强身健体 ······················ 010

2

健身房和教练的选择 ··········· 012
健身房的选择 ·················· 012
  健身房的位置 ··············· 013
  健身房功能分区 ············· 014
健身教练的选择 ················ 024
  如何挑选健身教练 ··········· 024
  找对方法，自我学习 ········· 025

3

健身新手的常见问题 ··········· 027
健身装备选择 ·················· 027
  健身穿着 ··················· 027
  健身包 ····················· 032

健身手套 ······················ 032
运动水杯 ······················ 032
运动发带 ······················ 033
运动毛巾 ······················ 033
护腰带 ························· 033
健身术语 ······················ 034
  身体成分 ··················· 034
  体重指数 ··················· 035
  心率 ······················· 035
  最大心率 ··················· 036
  肌肉泵感 ··················· 039
  孤立动作 ··················· 040
  复合动作 ··················· 040
  超级组 ····················· 040
  力竭 ······················· 041
  RM ························· 041

4

自我测试与评估 ················ 043
身体成分测试 ·················· 043
  体脂秤 ····················· 044
  相关数据分析 ··············· 045
有氧能力测试 ·················· 047
  最大摄氧量直接测试法 ······· 047
  最大摄氧量间接测试法 ······· 049
体能测试 ······················ 050
  平衡力测试 ················· 050
  力量与耐力测试 ············· 051
  柔韧性测试 ················· 054

5

固定器械的使用 ⋯⋯⋯⋯⋯⋯ **057**

坐式上斜推胸练习器 ⋯⋯⋯⋯ 057

坐姿－上斜推胸练习－竖把位 ⋯⋯ 058

坐姿－上斜推胸练习－横把位 ⋯⋯ 059

坐式双向推胸练习器 ⋯⋯⋯⋯ 060

坐姿－双向推胸练习－竖把位 ⋯⋯ 061

坐姿－双向推胸练习－横把位 ⋯⋯ 062

坐式肩部推举练习器 ⋯⋯⋯⋯ 063

坐姿－肩部推举练习－竖把位 ⋯⋯ 064

坐姿－肩部推举练习－横把位 ⋯⋯ 065

高拉背肌练习器 ⋯⋯⋯⋯⋯⋯ 066

高拉－宽握－背肌练习 ⋯⋯⋯ 067

划船练习器 ⋯⋯⋯⋯⋯⋯⋯⋯ 068

坐姿－划船 ⋯⋯⋯⋯⋯⋯ 069

肱三头肌双向练习器 ⋯⋯⋯⋯ 070

坐姿－肱三头肌双向－练习 ⋯⋯ 071

坐式手臂弯举练习器 ⋯⋯⋯⋯ 072

坐姿－手臂弯举练习 ⋯⋯⋯ 073

六柱训练站 ⋯⋯⋯⋯⋯⋯⋯⋯ 074

站姿－肩外旋 ⋯⋯⋯⋯⋯⋯ 075

站姿－招财猫 ⋯⋯⋯⋯⋯⋯ 076

史密斯机 ⋯⋯⋯⋯⋯⋯⋯⋯⋯ 077

俯身-杠铃划船 ⋯⋯⋯⋯⋯ 078

杠铃深蹲 ⋯⋯⋯⋯⋯⋯⋯ 079

杠铃硬拉 ⋯⋯⋯⋯⋯⋯⋯ 080

杠铃深蹲跳 ⋯⋯⋯⋯⋯⋯ 081

杠铃站姿提踵 ⋯⋯⋯⋯⋯ 082

腹肌椅 ⋯⋯⋯⋯⋯⋯⋯⋯⋯⋯ 083

卷腹 ⋯⋯⋯⋯⋯⋯⋯⋯⋯ 084

卷腹练习器 ⋯⋯⋯⋯⋯⋯⋯⋯ 085

跪姿－卷腹 ⋯⋯⋯⋯⋯⋯ 086

卷腹机 ⋯⋯⋯⋯⋯⋯⋯⋯⋯⋯ 087

坐姿－卷腹 ⋯⋯⋯⋯⋯⋯ 088

坐姿小腿训练机 ⋯⋯⋯⋯⋯⋯ 089

坐姿－小腿训练 ⋯⋯⋯⋯ 090

提腿练习器 ⋯⋯⋯⋯⋯⋯⋯⋯ 091

提腿 ⋯⋯⋯⋯⋯⋯⋯⋯⋯ 092

腿部内收机 ⋯⋯⋯⋯⋯⋯⋯⋯ 093

坐姿－大腿内侧练习 ⋯⋯⋯ 094

腿部外展机 ⋯⋯⋯⋯⋯⋯⋯⋯ 095

坐姿－大腿外侧练习 ⋯⋯⋯ 096

腿部推蹬机 ⋯⋯⋯⋯⋯⋯⋯⋯ 097

坐姿－腿部推蹬－交替 ⋯⋯ 098

坐姿－腿部推蹬－双腿 ⋯⋯ 099

龙门架 ⋯⋯⋯⋯⋯⋯⋯⋯⋯⋯ 100

坐姿－绳索肩关节内收 ⋯⋯ 101

绳索下斜夹胸 ⋯⋯⋯⋯⋯ 102

绳索胸部前推 ⋯⋯⋯⋯⋯ 103

跪姿－绳索高位交叉下拉（背）⋯⋯ 104

绳索后拉（背） ⋯⋯⋯⋯⋯ 105

绳索肱二头肌弯举 ⋯⋯⋯⋯ 106

绳索肱三头肌下压 ⋯⋯⋯⋯ 107

跪姿－绳索卷腹 ⋯⋯⋯⋯⋯ 108

坐姿－绳索肩上推举 ⋯⋯⋯ 109

俯身－绳索肩部侧拉 ⋯⋯⋯ 110

站姿－绳索腿外展 ⋯⋯⋯⋯ 111

站姿－绳索腿内收 ⋯⋯⋯⋯ 112

绳索腿后蹬 ⋯⋯⋯⋯⋯⋯ 113

站姿－绳索提踵 ⋯⋯⋯⋯⋯ 114

6

自由器械的使用 ⋯⋯⋯⋯⋯⋯ **116**

哑铃 ⋯⋯⋯⋯⋯⋯⋯⋯⋯⋯⋯ 116

哑铃－单臂下蹲高翻 …………… 117

哑铃－单腿－硬拉 ……………… 118

哑铃－俯身－双臂弯举起身 …… 119

哑铃－站姿－躯干侧屈 ………… 120

哑铃－站姿－单臂强力推举 …… 121

哑铃－双臂高翻 ………………… 122

哑铃－双臂下蹲高翻 …………… 123

哑铃－坐姿－双侧提踵 ………… 124

哑铃－坐姿－双臂锤式推举 …… 125

哑铃－仰卧－双臂胸前推举 …… 126

哑铃－仰卧－双臂单铃屈臂伸 … 127

哑铃－仰卧－飞鸟 ……………… 128

哑铃－仰卧－反向卷腹 ………… 129

壶铃 ……………………………… 130

壶铃－挺举－单臂（壶铃单臂挺举）… 131

壶铃－高翻－双臂（双臂高翻）…… 132

双壶铃－单腿行李箱硬拉 ……… 133

双壶铃－相扑深蹲 ……………… 134

卧推架 …………………………… 135

杠铃 ……………………………… 136

上斜卧推 ………………………… 137

卧推 ……………………………… 138

下斜卧推 ………………………… 139

正确使用姿势 …………………… 148

划船机训练计划 ………………… 149

固定自行车 ……………………… 150

认识固定自行车 ………………… 150

正确使用姿势 …………………… 151

固定自行车训练计划 …………… 151

台阶器 …………………………… 153

认识台阶器 ……………………… 153

正确使用姿势 …………………… 154

台阶器训练计划 ………………… 154

椭圆机 …………………………… 155

认识椭圆机 ……………………… 156

正确使用姿势 …………………… 156

椭圆机训练计划 ………………… 157

8

拉伸放松 ……………………… 159

泡沫轴放松 ……………………… 159

上肢 ……………………………… 159

肩颈部 …………………………… 162

背部 ……………………………… 164

腰腹核心 ………………………… 168

下肢 ……………………………… 171

徒手拉伸 ………………………… 180

全身拉伸 ………………………… 180

手臂拉伸 ………………………… 183

胸部拉伸 ………………………… 186

肩部拉伸 ………………………… 189

背部拉伸 ………………………… 194

腹部拉伸 ………………………… 197

臀部拉伸 ………………………… 202

腿部拉伸 ………………………… 206

7

有氧器械的使用 ……………… 141

跑步机 …………………………… 141

认识跑步机 ……………………… 141

正确的跑步姿势 ………………… 142

跑步训练计划 …………………… 143

划船机 …………………………… 147

认识划船机 ……………………… 148

9

制订健身方案与计划·············· 213

训练原则·················· 213

　　合理安排运动量 ·········· 213

　　全面发展身体素质 ·········· 213

　　"大重量，少次数"与"小重量，

　　多次数"···················· 213

　　循序渐进 ················ 214

初级训练计划·················· 214

中级训练计划·················· 216

　　两分化训练 ·········· 216

　　三分化训练 ·········· 218

高级训练计划·················· 219

　　三分化训练 ·········· 220

　　四分化训练 ·········· 221

　　五分化训练 ·········· 223

　　高强度间歇训练 ·········· 225

10

常见问题与健身房礼仪·········· 228

健身问答·················· 228

我该如何将健身计划坚持下去？ ······ 228

在运动时要穿压缩衣吗？ ·········· 228

必须要戒掉甜食吗？ ·········· 229

肌肉是如何增长的？ ·········· 229

为什么要做超级组？ ·········· 230

我应该使用腿内收器械吗？ ·········· 230

为什么要使用壶铃？ ·········· 230

什么时候应当拉伸？ ·········· 230

如何在办公室保持健康？ ·········· 231

拉伤或扭伤怎么办？ ·········· 231

健身房礼仪·················· 232

　　咨询健身专家 ·········· 232

　　表示爱护 ·········· 232

　　用完归位 ·········· 232

　　关注自己 ·········· 232

　　找到自己的空间 ·········· 233

　　保持距离 ·········· 233

　　保持整洁 ·········· 234

　　静音、沉心 ·········· 234

　　轮流使用器械 ·········· 234

作者简介·················· 235

在线视频访问说明·················· 237

扫描右方二维码添加企业微信。

1. 首次添加企业微信，即刻领取免费电子资源。

2. 加入体育爱好者交流群。

3. 不定期获取更多图书、课程、讲座等知识服务产品信息，以及参与
直播互动、在线答疑和与专业导师直接对话的机会。

明确健身的目的

　　随着现代社会生活水平的不断提高，加上高油、高盐的饮食习惯与久坐不动的生活习惯，很多人的运动时间越来越少，体质也随之下降。因此，越来越多的人逐渐意识到这个问题并决心开始健身。长期健身不仅可以增强体质、预防疾病，还可以起到调节精神状态、缓解压力、减轻疲劳的作用。

　　不同的人健身的目的也不同，有的是减肥，有的是增肌，还有的是塑造体形。健身的目的不同，方法也会不一样。下面列举了4种常见的健身目的，你是哪种呢？

减少脂肪

　　减少脂肪的原理是令人体每天消耗的热量多于摄入的热量。因此，除了控制热量摄入之外，还需要通过运动来消耗热量和制造热量缺口，从而达到减脂的目的。减脂运动中主要采取有氧训练与力量训练相结合的方法。

　　有氧训练不仅可以提升摄氧量，还能更好地消耗人体内多余的热量。其特点是进行反复性运动，运动时间长，强度中等，但不能提高新陈代谢率；而力量训练相对有氧训练而言，属于短时间高强度的爆发性运动。在进行力量训练后身体的新陈代谢会加速，能量消耗增多，但同时也更容易疲劳。目前公认的效果较好的减脂方式是将力量训练与有氧训练相结合。

　　在减脂运动中，一般建议先做力量训练来消耗体内的糖原，再做有氧训练提高脂肪消耗的效率，以达到减脂的目的。同时另一方面的考虑是，在精力和体力最充沛时，要先进行难度较高的力量训练，安全系数更高。

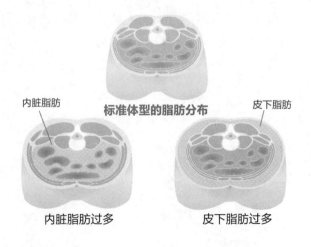

内脏脂肪　　　**标准体型的脂肪分布**　　　皮下脂肪

内脏脂肪过多　　　　　　　　皮下脂肪过多

增加肌肉

　　肌肉是由肌纤维组成的，通过抗阻训练（大的重量刺激）产生适宜肌肉生长的环境，比如缺氧、代谢物堆积、pH值降低、肌纤维的轻微损伤等，这些刺激将激发我们身体的修复机制，帮助肌纤维增加以适应肌肉受到的力量挑战。当有充足的蛋白质摄入和休息时，肌纤维横截面积会变大，肌肉体积也会随之增大，这就是我们说的增肌。所以，肌肉生长的三个必备要素为：适宜肌肉生长的环境、补充蛋白质等营养物质、充足的休息。如果一味地锻炼而不休息，不会达到增肌的效果。

　　健身房中的力量器械是进行肌力训练的绝佳利器，力量器械又分为固定器械和自由器械。想要增肌，既可以用固定器械锻炼固定的、孤立的肌群，又可以用自由器械来刺激固定器械训练所刺激不到的深层肌肉。所以，将二者结合起来进行训练是不错的选择。

　　一般推荐健身新手先使用固定器械，再进行自由器械练习，原因在于固定器械上的负重都是相对固定的，训练时的运动轨迹也是设定好的，因此安全性很高，不必担心发生意外。同时固定器械使健身新手能更好地找到肌肉发力的感觉，避免动作出现误差。自由器械的特点是多平面、自由重量，适合有一定训练基础的人。使用自由器械可以有控制地进行运动，既可以增加力量又可以提升身体健美程度，使肌肉锻炼得更加全面。

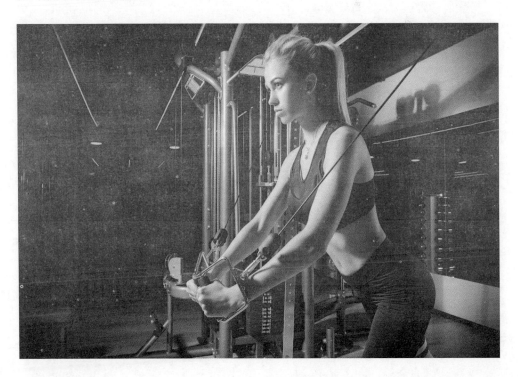

塑形美体

塑形美体就是在身体健康、体形较匀称的情形下，着重修饰身体的某一部位，使其美感体现出来。塑形美体可以是以矫正不良姿态、培养良好体形为主要内容的体态锻炼，也可以是改善身体局部形态、塑造身体线条为主要目标的形体锻炼。常见的塑形美体运动有瑜伽、普拉提、跳舞、跑步等。

强身健体

长期坚持运动，可以使我们的骨骼更有力，肌肉更致密，加快血液循环，增强免疫力。运动不仅能使人保持身体健康，还能促进心理健康，如在运动中体内多巴胺含量增加，可以使人感到愉悦，舒缓压力。

通过徒手或器械健身的有氧或无氧运动增强自身力量和心肺功能，可以达到强身健体的目的。

健身房和教练的选择

为了身体的健康，开始走进健身房的人越来越多。一方面是因为健身房更有运动氛围，符合运动的群体性原则，使人充满活力；另一方面是因为健身房有专业器械和专人指导。那么你知道选择健身房和健身教练时要注意什么吗？下面我们就一起了解吧。

健身房的选择

不管你是出于何种原因，选择健身房时都需要慎重考虑。因为办一张健身年卡，对大部分人而言都是一笔不菲的花费，所以在做选择之前需要多观察、多比较。一般我们选择健身房时会参考以下三个标准。

1. 价格

一般来说，健身卡的价格会有一定浮动，有些健身房会根据健身的淡季和旺季，不时推出各种活动和制订优惠策略。选择健身房时，可以询问健身房内的顾问或销售人员有没有课程优惠或赠送时长。

2. 人流量

处在不同区域的健身房，开放时间也会不一样。大部分人的健身时间都会选在工作日下班后5点至9点或是节假日。如果自身工作性质允许，建议尽量避开人多的时间段，选择工作日的早晨或中午、节假日的上午去锻炼。这样可以避开高峰，达到较好的健身效果。

3. 器械丰富度

选择健身房，一定要先进行现场考察，看看健身设施是否齐全。专业健身房应包含有氧器械区和无氧器械区两大区域，还应该有一定面积的自由训练区用以进行徒手训练和拉伸等运动。

▌健身房的位置

　　健身，坚持无疑是最重要的，偶尔锻炼，效果甚微。据调查，阻碍多数人坚持进行锻炼的最重要的原因是：去健身房不方便。选择的健身房周围一定要交通便利，因为要考虑堵车、限行、天气等各个方面的因素，最好有多种交通方式可以选择，地铁、公交、停车场最好都要有。保证按时到达健身房，以免消磨健身的积极性。现在很多人更倾向于选择离住所近、离公司近的健身房，应根据自身情况进行选择。如果工作不忙，可以选择离公司近的健身房；如果喜欢很早或者很晚健身，可选择离住所近的健身房。

离住所近

　　健身并不是轻松的事情。如果选择一家离住所较远的健身房，每天下班后要赶去健身房，健身结束后还要赶回家，又麻烦，又耗费时间。

　　所以，我们在选择健身房的时候，应该尽量选择距离自己住所比较近并且交通便利的健身房。

离公司近

　　选择离公司近的健身房，可以节约去健身房路上的时间。下班后直接去健身可免去堵车或在下班高峰挤地铁或公交之苦，可以先去健身房健身，然后回家。

▌健身房功能分区

　　健身房功能区的划分和常用的器械都有哪些，它们的作用是什么，下面来为大家简要介绍。

分区平面图

　　一般而言，健身房会分隔出下列几个不同区域。

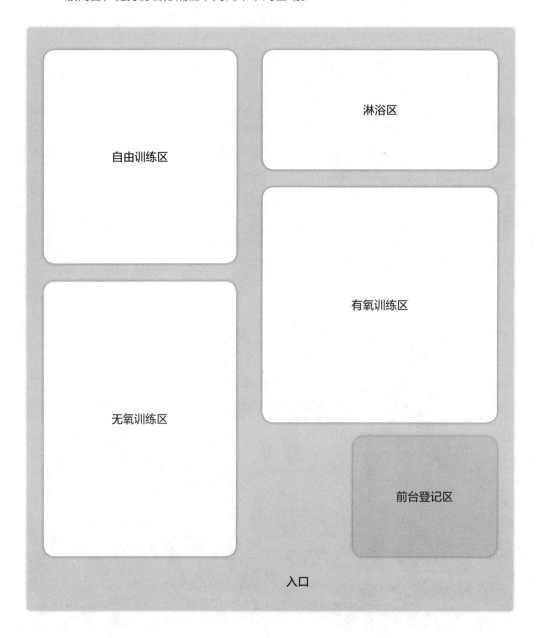

前台登记区

前台登记区用于接待会员、签到，接待新客户，大致介绍课程信息，为客户办卡以及处理一些日常事务。

自由训练区

自由训练区用于运动前后的热身与拉伸，一般健身房的自由训练区会时刻保持环境卫生，常配备如壶铃、弹力带、跳箱、泡沫轴等器械。

有氧训练区

有氧训练区设有单独的教室，是专门用来上团课和私教课的地方，教室内一般会配备一些瑜伽球、有氧踏板、哑铃、弹力带、瑜伽砖、泡沫轴、瑜伽垫等小器械。同时教室外会放置跑步机、椭圆机、固定自行车及台阶器等大型有氧训练器械。

无氧训练区

无氧训练区的场地一般比较宽敞，主要放置一些单功能或多功能的力量训练器械。

淋浴区

健身者在运动完大量出汗后，可以休息一阵然后去淋浴区进行清洗，结束健身活动。

有氧训练区

有氧训练能够显著提高人体心肺功能，同时还能燃烧脂肪，达到瘦身的效果。有氧训练区可分为团体课程区以及大型有氧器械摆放区。下面就为大家介绍这些区域中常见的运动和器械。

团体课程区

团体课程可分为动态团体课程区和静态团体课程区。

动态团体课程区

动态团体课程区中常见运动的特点是动作快、强度大。动态操房中的常见运动包括各类舞蹈课和单车课等。这些课程以有氧运动、肢体动作为主，在音乐伴奏下进行运动，以达到提高心肺功能、有效燃脂的目的。

有氧训练区

动态团体课程区

静态团体课程区

大型有氧器械摆放区

小哑铃

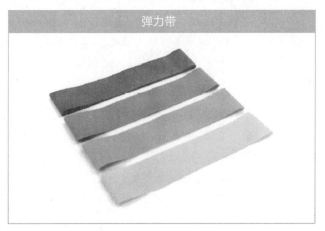

弹力带

静态团体课程区

    静态团体课程区中常见运动的特点是动作慢、强度小。静态操房中常见的运动有瑜伽、普拉提等操课，一般受女性的青睐，练习这类操课可以达到调节身心、放松肌肉、提升平衡柔韧能力的目的。

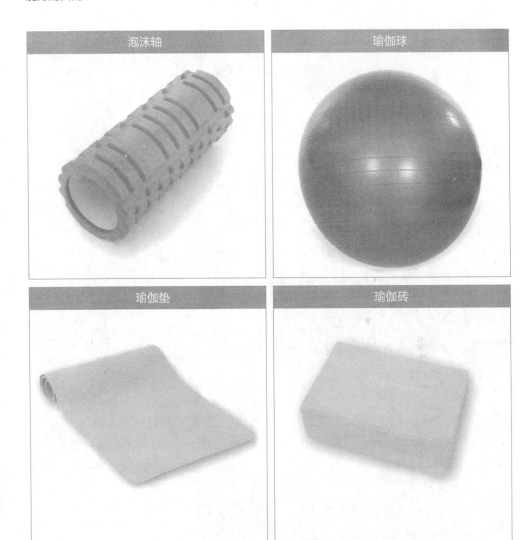

| 泡沫轴 | 瑜伽球 |
| 瑜伽垫 | 瑜伽砖 |

大型有氧器械摆放区

大型有氧器械摆放区位于操房外，一般摆有跑步机、椭圆机、固定自行车、台阶器、划船机等有氧器械，可利用这类器械进行运动前的热身或运动后的放松，也可以进行中高强度的有氧训练。合理利用这些器械，能够有效地减脂并提高心肺功能。

跑步机

椭圆机

固定自行车

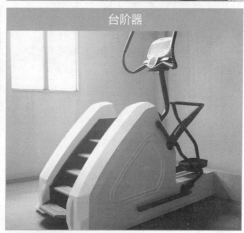
台阶器

划船机

无氧训练区

无氧运动可以解释为高强度、高频率、持续时间较短的运动。

无氧训练区的器械分为两大类：固定器械、自由器械。

固定器械

通常，健身房里所有不能移动的器械都是固定器械。

无氧训练器械

固定器械

自由器械

坐式上斜推胸练习器

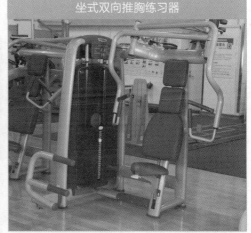

坐式双向推胸练习器

坐式肩部推举练习器

高拉背肌练习器

划船练习器

肱三头肌双向练习器

坐式手臂弯举练习器

六柱训练站

史密斯机

腹肌椅

卷腹练习器

卷腹机

坐姿小腿训练机

提腿练习器

腿部内收机

腿部外展机

腿部推蹬机

龙门架

自由器械

使用自由器械时，健身者须利用自身的力量来保持稳定。自由器械包括哑铃、壶铃、杠铃等。

哑铃

壶铃

杠铃

杠铃

健身教练的选择

很多健身新手会在挑选好健身房后进行一段时间的自主练习，但部分人会发现练习效果并不明显或进步过于缓慢。通常这种情况下他们会想找健身教练买课学习，通过专业的指导来达到自己想要的效果。这时健身教练的挑选就变得尤为重要。很多人认为健身教练很难挑选，因为他们看起来都差不多。其实不然，挑选一个好的、适合自己的健身教练，有助于取得更好的健身效果。

如何挑选健身教练

挑选一个适合自己的健身教练后，他们会根据你的健身目标为你量身打造训练内容，并且针对个体情况做调整。这样就可以让我们避免花费时间做无用功，也可以降低因姿势错误而受伤的概率。以下是挑选健身教练的几点注意事项。

专业度

在刚刚接触健身时，选择一位专业的、有耐心的、有责任心的且适合自己的健身教练，能够更加安全、有效地健身，避免因为错误动作而受伤。

体形

通常，专业健身教练的体形是强壮的。因为结实的肌肉并非一两个月就可以练出来，而是要经过长久的训练。因此，选择健身教练时，首先要看看他的体形、体态是否过关。

经验

经验丰富的健身教练，不仅具有多年的教学、授课的经验，而且对各种身体形态和身体状况较为了解，能够更有效地帮助你达到健身效果；其对健身时需要如何搭配饮食与做什么运动等有更加深入的了解，既可以满足你的健身需求和目的，同时也能让你在健身过程中感到安全和放心。

评估与动作讲解

负责、认真的健身教练会为每一个学员做健身规划，还会用本子记录每一个学员的健身情况，根据学员的体质等进行合理的规划，随时为学员的动作提供保护。认真观察各个教练与他们的学员的沟通方式，会认真倾听学员想法、会耐心沟通的教练可以优先考虑。一般健身房都允许找两三个教练上体验课，通过体验课，咨询教练一些关于动作的细节问题，以此判断教练的专业度和上课风格，最后选择最适合自己的教练。

找对方法，自我学习

无师自通练出肌肉型身材的健身者也有很多，但他们往往要付出更多的时间和精力。通过上网查找资料或购买专业书籍来学习健身、增肌的专业知识，在训练过程中改正错误的训练方式，或者多和健身房里的健身达人沟通、一起训练，循序渐进，这样即使不请健身教练，也可以达到想要的健身效果。

若想购买书籍进行学习，可以选购"美国四大协会"，即美国国家体能协会（National Strength and Conditioning Association, NSCA）、美国运动医学会（American College of Sports Medicine, ACSM）、美国国家运动医学学会（National Academy of Sports Medicine, NASM）、美国运动委员会（American Council on Exercise, ACE）的书籍。此外，与有专业资质和经验的人进行交流，也会受益匪浅。

健身新手的常见问题

很多新手不知道如何正确地开启运动之旅，保持持续的、规律的运动也是很大的难题，坚持一段时间没看到健身效果就放弃的大有人在。同时，健身新手也会遇到各种各样的健身问题，下面我们就来看看健身新手的常见问题和解决方法吧。

健身装备选择

健身装备能起到辅助健身的作用。这些装备有的可以保护你免受伤害，有的可以补充能量，从而使你轻松健身，还有的可以增加肌肉活力，提升训练效果。去健身房前记得携带这些装备，准备好了再运动。

▌健身穿着

健身时的穿着是非常重要的。健身时穿的衣服会影响健身效果。例如，在跑步的时候穿牛仔裤，会让身体无法放松，影响跑步的效果。选择合适的衣服可以让我们在运动时更轻松。下面就给大家介绍一些常见的健身穿着，可以根据自己的情况选择。

运动内衣

运动内衣是女性健身时必不可少的运动装备，因为运动时胸部会随身体的动作而产生大幅度、高频率的摆动，而女性胸部缺乏能够起到支撑作用的肌肉，所以容易产生不可逆的运动伤害。运动内衣可以起到尽量减少胸部摆动、避免剧烈运动所带来的冲击，从而保护胸部的作用。男性在进行超长时间有氧运动，如马拉松等时，也可以穿着运动内衣以保护胸部。

关于运动内衣的选择，这里提出三点注意事项。

第一，应选择专业运动面料，需保证面料的排汗性和透气性，而且肩带应具有一定宽度和厚度，这有助于减少肩部的负担，同时应避免选择有钢圈的类型。

第二，要选择合适的尺码，既不能为了增强防震动效果而选择小一码，也不能为了避免胸部受到挤压而选择大一码。

第三，根据不同运动选择不同支撑度的内衣。运动分为很多种，有的女生喜欢慢跑，有的喜欢瑜伽，还有的喜欢力量练习等。不同运动给身体带来的冲击也不同，而专为运动设计的运动内衣可针对不同运动种类及其强度带来更适合的支撑效果，减少胸部在运动过程中可能的不适感。我们可以在运动内衣的标签上找到它的支撑强度等级，并结合其弹性、透气性与舒适度进行选择。

高支撑性

高支撑性内衣大多以包覆式支撑类型为主，采用紧密贴合的设计，带来高强度的支撑力，有效减小胸部晃动幅度，结合背带多在背部交叉或者整体连在一起，提供非常好的支撑，带来稳固贴合的感受。

大部分需要双脚同时离开地面的运动和高强度间歇循环的运动都属于高冲击运动。例如，跑步、跳绳、健美操等运动，进行这类运动则需要选择高支撑性的运动内衣。

中支撑性

中支撑性的内衣通过织物的编织，产生压缩力和弹性支撑胸部，一般是一片式、整体编织的，整体提升包覆支撑及塑形效果。

大多数适当的健身房运动都属于中等冲击运动，如慢跑、动感单车、舞蹈和力量训练等，进行这类运动可以选择中支撑性的运动内衣。

低支撑性

低支撑性的内衣一般会以一片式衬垫或独立的罩杯结构进行设计，能够很好地支撑胸部，同时也拥有弹性包裹设计，整体带来舒适自如，毫无打扰的支撑保护。

进行低冲击运动，如瑜伽、普拉提、拉伸训练和平衡性训练，或日常通勤等，选择低支撑性的运动内衣即可。

运动上衣

进行低强度的运动选择宽松舒适的运动上衣即可，进行易出汗，特别是高强度的运动则需要选择速干型柔软面料的运动上衣。尺码以贴身但无束缚感为佳，避免运动上衣过于宽松而与皮肤产生摩擦。近年来，运动上衣的款式越来越多，夏季可以选择背心式和短袖式，春秋季可以选择长袖式，冬季要选择兼顾透气性和保温性的运动上衣。有些运动上衣还增加了连帽和连指的设计。除此之外，如果经常路跑或夜跑，建议选择带有反光条的运动上衣，这样可以为运动路途的安全性提供多一重保障。

压缩衣

压缩衣是利用不同的编织手法将特殊材料进行拼接制成的，通过整体富有支撑力的贴合表现，对肌群形成支撑，减少肌肉震动，降低迟发性肌肉酸痛发生的概率，减小运动带来损伤的可能性。

此外，压缩衣能够通过相应技术减少自身与肌肤的摩擦，在运动时吸收汗水，同时由于材料的特殊性，加快汗水蒸发，从而带来十分突出的排汗性和透气性，这也是普通的紧身衣所不能比的。它在夏天可以将汗水迅速排出，避免汗水聚集在体表引起不适；冬天汗水排出后会在衣服表面风干，而衣服同时起到隔离层的作用，避免汗水被风干时降低体表温度。

速干衣

速干衣的面料一般是以聚酯纤维为主，排汗性强，容易清洗，可以说是运动爱好者人手一件的衣服。

速干衣的优点是速干、排汗性强，它能将皮肤上的汗水迅速吸收、扩散，尽可能扩大面积来加快汗水的蒸发速度。同时，在高汗区增加相应的透气孔，可以在运动中更好地做到透气速干。

速干衣分为防水类型和不防水类型。室内运动时穿防水类型的速干衣有点浪费，因为室内运动的速干衣不需要多加防水层，多了这个特性可能还会成为缺点。选择速干衣时要结合自己的实际情况和需求。

运动裤

运动裤主要应用于运动场景，所以对裤子的材质有一定的要求，要易于排汗、穿着舒适，不限制肢体，可让人进行剧烈的运动。运动裤材质以涤纶、尼龙居多。

压缩裤

压缩裤可在运动中提供出色的支撑力及包覆强度，提高运动性能、减少乳酸堆积。帮助恢复、促进静脉回流，可带给肌肉强烈的包裹感，让运动后肌肉更快地恢复。运动裤的压力大对关节的支撑性和包裹性就好，但这并不意味着压力越大越好，过大的压力会对血管造成压迫，造成下肢血液回流不通畅。尤其对健身新手而言，盲目地选择高压力运动裤只会带来不适应和无法承受的紧绷感。建议选择弹性好且高腰的款式，以避免做深蹲或大幅度动作时产生尴尬一幕，颜色也建议选择深色。男士在选择穿着压缩裤时，因为材质较薄，建议外面要套一条运动短裤。

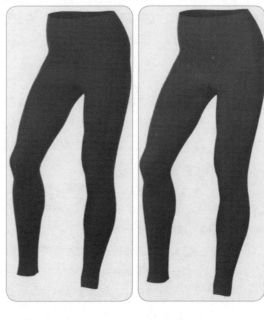

速干裤

速干裤是指干得比较快的裤子，它的原理是通过特殊材料制成的裤面将汗水迅速转移到裤子表面，通过外界的空气流通使汗水蒸发，以达到速干效果。

可以根据材质的压力和个人的喜好来选择颜色和样式。

运动鞋

运动鞋是运动过程中为锻炼者的脚部提供有效保护的装备。日常生活中所穿着的运动鞋具有舒适柔软、稳定耐用、缓冲保护的作用，而运动时对鞋的要求自然更高一些。

训练鞋

训练鞋适合室内偏力量型的训练，训练鞋的前掌和后跟都非常宽大，在相应的训练中提供较好的稳固性，同时具备不错的舒适度和灵活性，能满足各种训练需求，适合多种运动。

跑鞋

跑鞋专为跑步运动而设计，鞋面可保护脚部和踝部，在运动中带来透气性和包裹感，其中底可提供较好的减震功能，使鞋子整体上更契合跑步时从落地到离地过程的脚，给使用者带来流畅的过渡感。

人在跑步时，每一步落地，脚部都要承受相当于自身体重2~4倍的冲击力，因此跑鞋须具有极佳的缓冲功能，才能更好地保护脚部、踝关节和膝盖。

运动鞋

运动鞋指的是健身或参与竞技时所穿的鞋。它能辅助脚部在运动中发挥其基本功能。如果人长时间处于运动的状态，脚比较容易浮肿，所以运动鞋的鞋面相对宽松，同时更加灵活的外底适合更多的运动。

健身包

健身包其实没有明确的定义，可以是双肩包，也可以是单肩包，还可以是手提包。不过手提包因为容量更大、更方便拿放物品，而去健身房一般也不用负重走特别远的路，所以往往是多数人的选择。

双肩包

双肩包适用于健身装备不是特别多的健身者，而且背起来方便。它实用又小巧，采用拉链口袋设计，设计了透气层，夏天背起来不闷，舒适。

手提包

手提包可以装更多的健身装备，有坚固的提手和顶部的宽敞开口，一些手提包也带有可拆卸的肩带，以便更好地承载重量。

健身手套

健身手套可以在进行器械健身时保护手部，吸汗防滑，防止运动损伤。选择健身手套主要注意以下四点。

第一，掌心部分的材质要防滑、耐磨，与自身的掌形符合。

第二，手背部分的材质的透气性要好。

第三，拇指背部的材质要吸汗，出汗时可以直接用它擦汗。

第四，无护腕的手套适用于基础型训练，有护腕的手套适用于力量型训练。

运动水杯

我们都知道，运动时会消耗体内电解质，会大量排汗，一定要及时补充水分以避免脱水，防止运动能力下降和出现危险。所以在运动过程中，运动水杯是必备物品。在挑选运动水杯时，可以根据以下三方面进行选择。

第一，运动水杯要坚固耐用，携带方便。因为运动过程中难免会磕碰到水杯，所以应选择能防磕碰、材质坚固的水杯，这样才能保证其使用寿命。不建议使用玻璃水杯。

第二，要选择材质合规的运动水杯。挑选运动水杯时要看清水杯的标签是否标明安全达标，也要看清材质的耐摔、耐热程度。

第三，根据自己的运动需求来选择运动水杯的瓶口设计以及容量大小等。例如，骑行者在运动的过程中速度较快，可能要在行进的过程中喝水，所以要选择方便单手操作且开口较小的运动水杯。如果是运动量较大的运动，出汗较多，就要选择容量较大的运动水杯，开口的选择较自由。

▌运动发带

运动时建议佩戴运动发带，它可以固定头发和吸走额头上的汗水，避免汗水流入眼睛，防止运动流汗后头发贴在脸上、遮住眼睛，妨碍正常运动。运动发带根据材质类型可以分为硅胶导汗带、速干材质宽发带。

硅胶导汗带

硅胶导汗带的质地柔软，但无吸汗功能，而是通过导汗带上的导汗槽将汗水导流至头部两侧，避免汗水流入眼睛。硅胶导汗带易脏但也易清洗。硅胶条内部有魔术贴，可随意调节大小，但易粘到头发。

速干材质宽发带

速干材质宽发带有助于将汗水从体表排走，其原理类似于速干衣。宽条式的设计让宽发带几乎可遮住整个前额，吸汗效果好，且可隔离头发，但压力面积较大，长时间佩戴头发易变形，有明显压痕，且品质不好的产品易崩脱。

▌运动毛巾

运动毛巾是运动时的专用毛巾，在材质、尺寸和吸水性等方面与普通毛巾有明显的区别，适合广大运动爱好者。运动毛巾的材质大都为纯棉、木纤维，以及植物纤维等。

在触感上，纯棉材质的运动毛巾和纤维材质的运动毛巾差不多，但纤维材质的运动毛巾在吸水性能上更突出。但纤维材质的运动毛巾在使用一段时间后会出现发硬的情况。

运动毛巾的正确保养方式如下。

由于使用环境的特殊性，运动毛巾比普通毛巾更容易吸汗与滋生微生物，所以平时的清洁工作要做得更用心一点。清洗运动毛巾时，最好用中性的洗涤液，或者偏弱碱性的洗涤皂，并配合浓度适宜的消毒液做清洁处理并在阳光下晒干。

▌护腰带

护腰带是保护腰部、防止人在锻炼过程中腰部受伤的护具。我们在日常活动和健身中都会用到腰部的力量，而护腰带可以帮助固定腰椎，助力锻炼。在进行力量训练时或在一些竞技赛事中，护腰带可以很好地保护腰部，避免身体摆动幅度过大导致腰部受损。

健身负荷不是很大时不建议使用护腰带，以更好地锻炼深层稳定肌群。但如果是大负荷的负重训练，则需要佩戴护腰带，避免腰椎受到过大压力。

建议选择宽度在15厘米以内的护腰带，避免腰带过宽影响躯干的正常活动，同时避免腰带过窄而起不到对腰部的支撑作用。佩戴护腰带时腰带松紧要适度，太紧易造成运动中的呼吸不畅，而太松则易造成保护作用降低。

健身术语

对健身新手来说，经常会在与有经验的健身者或健身教练沟通时因为一些健身专业术语而产生沟通障碍，为了让大家更好地进行健身，接下来就带大家一起来了解这些专业术语。

▌身体成分

身体成分指的是体内肌肉、骨骼、脂肪、水和矿物质等各种成分的含量，可以反映出人体内部各种物质的组成和比例。

脂肪

脂肪可以促进脂溶性维生素的吸收，保护器官和保持体温。人体脂肪可以简单分为内脏脂肪和皮下脂肪。

内脏脂肪指内脏和血液中的脂肪，易堆积也易消除。每日摄取的糖分、脂肪等，一部分会被身体吸收，另一部分则会附着在体内的内脏表面形成内脏脂肪，用于在空腹的情况下或激烈运动后继续为器官提供能量。但当内脏脂肪堆积过量时，会造成脂肪肝等问题，身体形态也会发生变化，如形成"苹果形身材"。

皮下脂肪包含浅层皮下脂肪和深层皮下脂肪两种类型。浅层皮下脂肪遍布于身体的各个地方，主要以下身为主。而深层皮下脂肪遍布于全身各处的皮下深层位置，主要分布于上身。

有些人看起来并不肥胖，却也患有脂肪肝。这种情况多是因为身体肌肉比例偏低，体内脂肪超标所造成的隐性肥胖。

瘦体重

瘦体重主要成分是骨骼、肌肉等，指除去脂肪后剩下的体重，故有时也称为去脂体重。

瘦体重对调节水盐代谢、促进能量转换和耗氧等具有重要意义。在日常的健身训练中，瘦体重的含量高，对运动能力和有氧耐力的提升非常有利。提升瘦体重也有助于提升基础代谢率，有助于减脂的过程。一些专业的运动员和健身达人的肌肉含量高，但脂肪含量少，瘦体重指数也大，所以即使体重过重也不属于肥胖。

▌体重指数

体重指数（Body Mass Index, BMI）又称身体质量指数，用于衡量人体的胖瘦程度以及健康状态，计算公式为：BMI=体重（千克）÷身高（米）^{2}。

国内外的标准略有不同，在我国的标准中，BMI在18.5~23.9为正常值。一些运动员和健身达人的肌肉含量较高，体重也偏重，所以测出来的指数比正常值偏高也属正常。同时，有些静坐少动的人群可能BMI很标准，但肌肉含量过低，脂肪比例较高，属于隐性肥胖。因此，用BMI衡量胖瘦等具有简便快速的特点，但有时不够精准。BMI评价肥胖的中国标准如表3-1所示。

表3-1 BMI评价肥胖的中国标准

体重过低	<18.5
正常体重	18.5~23.9
体重超标	24~27.9
肥胖	≥28

BMI对成长中的儿童同样适用，我们可以根据他们的BMI来推算其是否超重。BMI的计算公式同样适用于15~20岁的人群，但因为这些青少年正处于发育期，BMI会随着发育而不断变动，所以使用一个固定数值进行定义会造成错误的判断。

多数国家和地区都会对当地儿童的身高和体重做统计。通常，统计数据时，会先调查该区域中健康儿童的BMI分布，再根据得出的BMI分布推算出当地儿童的BMI。一般情况下会采用统计出来的平均BMI及其标准差，以此计算划分不同BMI区间的值。

▌心率

心率指的是每分钟心跳的次数，正常的静息心率在60~100次/分。一般来说，运动员的静息心率会比普通人的静息心率低，一般为40~60次/分。因为运动员的心脏更强壮，能够更有效地输送血液，所以每分钟跳动的次数少，静息心率低。造成心率升高的因素有很多，如压力、疾病以及天气等。

经常运动可以改善血液循环系统，使心肺功能变强，心率也会有所改善。如果一个身体健康的人静息心率升高，则表明他可能存在疲劳。正常的静息心率如表3-2所示。

表3-2 正常的静息心率

成年人（包括老年人）	每分钟60~100次
训练有素的运动员	每分钟40~60次

下面分享两种测试心率的方法。

心率表测试

心率表测试是将心率带佩戴至胸前，然后通过无线的方式将感受到的心电信号的变化传送至手腕处的手表上，再经过一系列的技术分析，实时记录运动时的准确心率数值。

心率测量技术主要有两种，一种是佩戴心率带通过心电信号测量心率，另一种是佩戴光电式心率表测量心率。目前，两种技术测量心率都是准确的。有的人觉得心率带测量的心率更加准确，而有的人不喜欢胸前被一根心率带束缚。佩戴光电式心率表时要求必须紧贴皮肤，表带需要收紧，避免晃动。

使用充电式心率表测量心率的方法是佩戴心率表，通过其内置的电极设备测量心率，待手表显示的读数稳定后读取心率，连续测量三天，取平均值。

脉搏测试

对没有心率监控装备的人，简单的脉搏测试方式也可以测量心率。正确的脉搏测试方式分为搭桡动脉测试和搭颈动脉测试两种。用无名指、中指和食指触摸前臂前外侧，就可以测量桡动脉的脉搏，这样可以增加接触面积，让我们更容易找到自己的脉搏。只用拇指搭桡动脉的方式是不对的。对脉搏比较弱的人而言，可以采用搭颈动脉的方式测量。因为颈动脉更靠近心脏，所以脉搏的搏动也会更强烈。男性在喉结向两边凹陷处很容易摸到颈动脉，女性喉结不明显，在喉咙正中间向两边2~3厘米处可以摸到颈动脉。（特别提醒，颈动脉上有压力感受器，因此不能过于用力地按压颈动脉，否则容易因过度刺激颈动脉处的压力感受器而引发减压反射，引起晕厥。）

具体测量方法如下。

测量静息心率的最佳时间是在早上，清醒且没有进行活动的安静状态下。

①测量静息心率（脉搏）。

②使用拇指之外的手指测量。

③测量时手指按压的力度要小。从0秒开始，默数10秒内脉搏的跳动次数，然后乘以6，即可大致算出1分钟的脉搏跳动次数。

④在评估表上记录静息心率，看看心率是否在正常范围内。

▌最大心率

最大心率是指人在高强度运动中所能达到的最高心率值。正常情况下的心率与运动强度成正相关，运动强度越高，心率也会越高。

测试方法

最大心率的测量方法很多，其测量的基本原则是通过适当的方式最大限度地激发心脏潜能。这样测得的最大心率更准确，能够更精准地量化和指导日常的训练。测量方法主要有三种：标准操场版、爬坡版和跑步机版。三种方法分别如表3-3、表3-4、表3-5所示。

表3-3 标准操场版

检测场地	400米标准操场
检测方法	800米增速间歇跑
测试流程	佩戴心率表，作为采集心率的监测设备 先活动关节、激活肌肉做热身运动，慢跑10分钟，然后正式开始测试 第1个800米，配速6'30，作为热身 第2个800米，配速6'00，慢跑400米，心率每分钟节拍数（Beat Per Minute，BPM）（心跳次数）维持在130以上 第3个800米，配速5'30，慢跑400米，心率维持在130bpm以上 第4个800米，配速5'00，慢跑400米，心率维持在130bpm以上 第5个800米，配速4'30，慢跑400米，心率维持在130bpm以上 第6个800米，配速4'00，慢跑400米，心率维持在130bpm以上 第7个800米，配速3'30，慢跑400米，心率维持在130bpm以上 第8个800米，配速3'00，慢跑400米，心率维持在130bpm以上 极少数人能跑到第8个800米，大多数人会在第5~6个800米结束，此时即可测得最大心率。如果某个心率峰值只出现了一两秒，则不应把这个值当作最大心率。从心率曲线中找一个比峰值略低但维持了十几秒的心率，把它当作最大心率会更合适 上面测试的起始配速是6'00~6'30，这个配速可以根据自身状况做相应调整，选择从跑起来比较轻松的配速开始。当然后面的配速也要相应地调整，保证每个800米的配速比前一个800米提高30秒左右即可

表3-4 爬坡版

检测场地	400米的陡坡，坡度为10~15度
测试流程	热身：戴上心率表慢跑10分钟，手摸脉搏（计10秒内脉搏的跳动次数，乘以6）确认心率表的数值与实际心率是否相符 第1次：用八成力跑上陡坡，到坡顶查看心率值；慢跑下坡，在坡底休息3分钟 第2次：用九成力跑上陡坡，到坡顶查看心率值；慢跑下坡，在坡底休息3分钟 第3次：用全力跑上陡坡，到坡顶查看心率值；慢跑下坡，在坡底休息5分钟 第4次：用全力跑上陡坡，并尽可能突破前面测得的最高心率值。如果没出现更高的心率值，那么测试结束；如果出现了更高的心率值，就慢跑下坡，在坡底休息5分钟，然后重复这一过程

表3-5 跑步机版

检测工具	跑步机
测试流程	输入自己3千米、5千米、10千米或半程马拉松（以下简称"半马"）的最佳成绩，点击检测，右下角的T配速即为临界速度（点击"时速"可以切换成跑步机常用的速度单位） 例如，10千米的最佳成绩为50分钟，输入后可得知T配速为11.8千米/时 先确认心率监测器正常运作：戴上心率表，试跑1分钟后，计10秒内脉搏的跳动次数再乘以6，确认心率表的数值与实际心率是否相符 接着以自己熟悉的配速在跑步机上热身10分钟，开始时会以T配速（以上述为例即11.8千米/时）进行检测 之后每2分钟会上升1%坡度，重复这一过程，如果坚持不住，请努力再坚持最后30秒，结束后就可以检测到最大心率

公式估算

除了实测的方式以外，还可以采用公式估算最大心率。下面就来介绍几种估算最大心率的公式，以供大家参考。

公式一：

最大心率=220－年龄。

公式二：

最大心率=208.754－0.734×年龄。

公式三：

最大心率=205.8－0.685×年龄。

公式四：

最大心率=206.9－年龄×0.67。

根据实际心率与最大心率百分比值一般可划分为4个运动区间。

最高区间（最大心率的100%），这个区间内能够增加速度，不过仅限于爆发式运动，因为参与做功的主要肌群很快就会缺乏氧气。

耐力区间（最大心率的60%~70%），这个区间内能够增加耐力、帮助减重、提升心肺和肌肉的运动效率。在此区间内运动，脂肪作为主要供能物质。

有氧区间（最大心率的70%~80%），在有氧区间内进行运动可以综合提升有氧运动的整体水平，有助于体重控制和肌肉力量的提升。在此区间内运动，糖和脂肪作为主要供能物质。

无氧区间（最大心率的80%~90%），这个区间适合进行间歇训练或恒速训练。在此区间内运动，呼吸会变得急促，肌肉会感到疲劳，但能够提升肺活量，有助于锻炼自身意志。

▋肌肉泵感

　　肌肉泵感是指健身到一定程度时肌肉所达到的状态。肌肉泵感也叫充血，是指在负重训练中，由于血液短时间内流向目标肌肉所产生的肌肉膨胀感，主要表现为肌肉有明显的紧绷感，同时也会增加肌肉围度。健身新手只要严格按照标准动作训练、不贪重，就可以慢慢感觉到肌肉泵感。

　　健身时，大负荷的抗阻训练一般都会产生肌肉泵感，但目前并没有证据表明，产生肌肉泵感后一定能使肌纤维撕裂和肌肉增长。

孤立动作

　　孤立动作也称单关节动作，在动作过程中只有一个关节进行活动，利用局部肌肉集中用力，可以加强局部位置的肌肉刺激。

　　通常，肩部侧拉、绳索肱二头肌弯举及大部分以腿部屈伸运动为主的动作，都属于孤立动作。我们常用固定器械来训练孤立动作。

复合动作

　　复合动作也可以称为多关节动作，在一个动作中有多个关节参与，由多个肌群协同用力。例如，卧推、划船、深蹲等动作都是复合动作。

超级组

　　超级组是指连续做两种或两种以上不同的动作，动作间没有休息，或仅有短暂休息。超级组是阿诺德·施瓦辛格使用的一种以最短的时间来激活尽可能多的肌群的方法，其训练难度高，不建议健身新手尝试，以免受伤。

▎力竭

力竭是指在某一力量训练中，在一组动作中重复训练到无法标准地完成下一次的动作，并伴随有明显代偿的状态。训练时，达到力竭的状态有利于促进肌肉的增长。这种训练方式常出现在健美训练中，有利于加强肌肉刺激和肌肉耐力。

▎RM

RM（Repetition Maximum）指的是能够重复一定次数的负荷。RM更像是一个训练单位，6~12RM是训练肌肉体积的最佳值。RM与训练效果的关系如表3-6所示。

表3-6　RM与训练效果的关系

RM	训练效果
1~4RM	主要训练绝对肌力和肌肉体积
6~12RM	主要训练肌肉体积和肌肉耐力
15~20RM	主要训练小肌群体积和增强肌肉线条美观性与弹性
30RM以上	主要用于降低体脂、增强心肺功能

例如，当你进行腿部弯举训练时，假如20千克可以进行10次重复，说明你在进行第10次腿部弯举时刚好力竭，而20千克就是你腿部弯举动作的10RM。对于高级训练者，1RM的直接测量是非常有必要的。

自我测试与评估

　　自我测试与评估是正式开始健身前应进行的，因为它可以显示你目前的健康状况。这些测试提供了一个基线——一个能够帮助你设立目标、监控运动进展以及提供动力的起点。

　　自我测试与评估的第一步是进行身体成分测试，第二步是进行有氧能力测试，第三步是进行体能测试。这三个测试分别针对明确自身身体成分的各项数值、心肺耐力、肌肉力量和耐力等方面。弄清楚评估结果将有助于健身计划的制订，有助于在保持现有优势的同时加强自己的薄弱部位。

身体成分测试

　　正常情况下，人体主要由水、脂肪、蛋白质、无机物四种成分构成。这四种成分在成年人身体中的正常比例为：水的占比约为55%，蛋白质的占比约为20%，脂肪的占比约为20%，无机物的占比约为5%。同时身体成分测试的结果也能体现出测试者的体形特征、体质状况等。

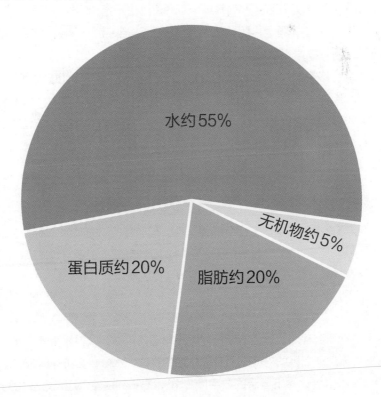

▌体脂秤

　　体脂秤全称为"人体脂肪秤"，可以用于测量人体的脂肪含量。相较于体重秤，它的功能更加全面，除了可以测量体重外，还可以测量得出体重以外的相关数据。体脂秤能测出的相关数据如下：身体质量指数、体脂率、脂肪含量、身体水分、骨骼肌含量（比例）、骨骼或无机盐含量、腰臀比等。

　　体脂秤利用生物电阻抗分析法（Bioelectrical Impedance Analysis, BIA）进行测量，设备将微弱的电信号传输到人体内，由于人体内的各种成分的导电性具有差异，测量出人体相关数据。测量前你需要将年龄、体重、身高和性别等基本数据输入设备，然后光脚分开站立踩住电极，双臂握住电极片并自然下垂。按下"开始"按钮，大约7秒后，你的身体成分数据就会显示在设备屏幕上。为了使测试结果更加精确，你需要遵循以下原则。

　　（1）使用前，使体脂秤上的电极片保持干净。

　　（2）请将体脂秤水平放置在地面上，不要在地毯或凹凸不平的地面上进行测量，避免测量结果不准确。

　　（3）不要在暴饮暴食或者极度脱水时测量，也不要在激烈运动后立即测量，否则电流通过时会有一定危险。

　　（4）尽量保持每次测量时，都处在同一时间段和相同条件下（包括穿着等）。可以选择在早晨未进食前进行测量，因为进食、饮水、沐浴、运动等因素都会改变相关部位的阻力值，使测量数值不准确。

　　（5）体内装有移植医疗设备的患者，如心脏起搏器，不能使用体脂秤。

　　（6）使用体脂秤时，务必光脚测量，使微电流能正常通过人体。

　　（7）测量时要输入正确的性别、身高、年龄等信息，否则体脂秤无法准确推算。

　　（8）进行测量时不要将双脚或双腿贴合，以免影响数值的准确性。

　　（9）完成测量后，将体脂秤擦拭干净后放回原位，方便下次使用。

专业体脂测试仪

　　体脂测试仪可直接测出身体各部分的体脂率。其通过不同的频率分别在5个身体部位（右上肢、左上肢、躯干、右下肢、左下肢）进行15种电阻抗测量。其准确率高，一般在健身机构、体检机构、医院等需要获取相对精确数据时使用。

家用体脂秤

　　如果只是进行自我检测，普通的家用体脂秤就已经足够。家用体脂秤同样应用BIA计算电流在人体内流通所需要的时间来测量人体内的肌肉、水分、脂肪等成分的含量。如果测量前饮用大量的水会让最终显示的数字产生10%左右的误差。通常，使用同一台体脂秤连续进行测量，根据数据进行平均值的计算，就可以得到相对准确的数值。

相关数据分析

在健身房里，常常会用到体脂测试仪进行身体成分分析，健身教练会根据身体成分的相关数据，给你制订合理的健身计划。假如没有健身教练在旁边进行说明、讲解，如何看懂自己的身体成分相关数据，并对这些数据进行分析呢？接下来我们就来学习身体成分数据的分析方法。

体脂率的标准

体脂率是指人体总重量中体内脂肪重量所占的比例，常常以百分比来表示，它可以反映出人体内的脂肪含量，同时也是衡量身体健康情况的指数。表4-1是各种身体状态下的体脂百分比（％）。

表4-1 各种身体状态下的体脂百分比（％）

身体状态	男	女
最少脂肪量	5	15
必需脂肪量	0~5	0~8
运动员	5~13	12~22
最佳健康状况	10~25	18~30
最佳体力状态	12~18	16~25
肥胖	>25	>30

当人体内的体脂率过高时，身体会出现肥胖和相应的内分泌系统异常；而当身体的体脂率过低时，多是营养不良或吸收功能出现问题。所以，体脂率的测量对帮助判断是否肥胖，或者是否有患心脑血管疾病等的风险是非常有意义的。

肌肉含量

肌肉的代谢率高于脂肪的代谢率。身体的肌肉含量保持在正常水平可以有效地预防与代谢紊乱有关的慢性病，并降低如动脉粥样硬化、血脂异常、糖尿病等疾病的患病风险。

基础代谢率

基础代谢率（Basal Metabolic Rate, BMR）指的是人体在清醒且平静的状态下的能量代谢率。通俗地说，它是人体在非活动状态且禁食两小时以上的状态下，维持生命所消耗的最低能量，也就是基础代谢。

人体的基础代谢是变化的，且存在个体差异。影响基础代谢的因素主要有身高、体重、年龄、性别、季节与运动强度等。不同年龄的基础代谢率如表4-2所示。

表4-2　不同年龄的基础代谢率

年龄（岁）	11~15	16~17	18~19	20~30	31~40	41~50	51以上
男性基础代谢率 千焦/（平方米·小时）	195.5	193.4	166.2	157.8	158.7	154.1	149.1
女性基础代谢率 千焦/（平方米·小时）	172.5	181.7	154.1	146.5	146.4	142.4	138.6

电解质含量

电解质是体液重要的组成部分，能帮助人体调节神经和肌肉功能、保持身体酸碱平衡和体液平衡。建议在早上起来未进食的状态下测量电解质含量。

当人体在某些情况下发生摄入或排出异常、内分泌调节失常等，如在剧烈运动、中暑、发烧、腹泻等情况下，都容易导致身体中电解质的过量流失。在这种情形下，一些特殊人群（如老人和婴幼儿）特别容易缺水。不同人群身体水分的含量是不一样的，氯化物、钾、钠、镁和钙等电解质的丢失，会导致人体大量出汗、心动过速、昏迷甚至死亡。因此需要通过含有电解质的运动饮料、水果（如草莓、杧果、香蕉、哈密瓜等）补充电解质。

瘦体重

瘦体重（Fat Free Mass, FFM）指的是除去脂肪以外的身体其他成分的重量。瘦体重的计算公式：瘦体重＝体重（W）－脂肪量（f），脂肪量＝体重（W）×体脂率（$F\%$）。

瘦体重指数

去脂体重指数（Fat Free Mass Index, FFMI）又叫瘦体重指数，其计算公式为：瘦体重指数＝（1－体脂率）×体重（千克）/身高（米）^{2}。由于瘦体重指数可以反映出人体的肌肉、骨骼等成分含量，所以通常认为瘦体重指数越高越好。因此瘦体重指数的上限不是健康与异常的分界，而是普通与优秀的分界。我们通常认为体脂率可以反映肥胖程度，而瘦体重指数则可以反映强壮程度。

有氧能力测试

有氧能力是指长时间进行有氧供能的能力，即人体在进行体力工作时，把大气中的氧气输送到细胞中线粒体的综合能力。当肌肉利用氧气的能力提高时，有氧能力也会得到改善。因此，在运动中通常采用最大摄氧量（VO_2max）或主动肌最大耗氧量来测量有氧能力。进行有氧运动的主要目的是提高人体的运输氧气的能力，提高身体的新陈代谢率。此外，进行有氧运动还可以有效地除去人体内多余脂肪；改善心理状态，使人情绪饱满；增强肺的功能和预防骨质疏松；控制血压，改善心脏功能。

常用的有氧能力测试方法有最大摄氧量直接测试法、最大摄氧量间接测试法两种，以下具体介绍这两种方法。

最大摄氧量直接测试法　　常用的有氧能力测试　　最大摄氧量间接测试法

▌最大摄氧量直接测试法

最大摄氧量指人体在进行有大肌群参与的长时间剧烈运动中，当心肺功能和肌肉利用氧的能力达到本人极限水平时，单位时间内所能摄取的氧量。最大摄氧量直接测试是通过附有呼吸面罩的气体分析仪，让人体从安静状态逐步运动至极限状态，直接测试摄氧量。这种直接测试法结果准确，一般用于实验室。

常用的测定最大摄氧量的器械有跑步机、椭圆机、划船机等。

通常测试采用经典的 Bruce 跑台测试方案。该方法每3分钟增加一级速度和坡度，也就是说逐级增加运动负荷，让受试者从安静状态逐步运动至极限状态。

最大摄氧量直接测试法是通过让受试者佩戴呼吸面罩，进行力竭性运动，用与呼吸面罩相连的气体分析仪直接测得受试者的最大摄氧量。

最大摄氧量直接测试法的判定标准

（1）吸氧数值不再上升，而保持在一个水平值上。

（2）成年人的呼吸商大于1.10，少儿的大于1.00。

（3）心率大于180次/分。

当3种情况中出现了任何2种情况时则可以确定最大摄氧量，如果最大摄氧量未出现而受试者已力竭，则取测试的最高值作为最大摄氧量。

操作步骤

（1）环境检查：保证实验室空气清新、流通，符合测试要求。

（2）仪器校正及设置：根据仪器要求来进行相应的气体成分和气量校准。

（3）建立测试程序：根据受试者制定相符的测试方法和程序。

（4）受试者应在测试前活动4~5分钟。

（5）静息指标检查：受试者佩戴好面罩后，将心率带放置于胸前，使身体处于平静的状态，操作者注意观察其通气量、耗氧量、心率等指标是否符合标准，确认各项数值在正常范围内后方可进入负荷测试状态。

（6）进入负荷测试状态。判定标准如前。

（7）保存测试数据并打印测试报告。

Bruce跑台测试方案如表4-3所示。

表4-3　Bruce跑台测试方案

级别	时间（分）	速度（千米/时）	坡度（%）
1	0~3	2.74	10
2	3~6	4.02	12
3	6~9	5.47	14
4	9~12	6.76	16
5	12~15	8.05	18
6	15~18	8.85	20
7	18~21	9.65	22
8	21~24	10.46	24
9	24~27	11.26	26
10	27~30	12.07	28

注意事项

（1）受试者在测试前应进行身体健康检查，保证身体处于健康状态。体质差、高龄及有疾病者不适合做此测试。

（2）测试前，操作者必须与受试者一同了解整个操作程序，安排受试者的运动时间，以及明确受试者如何与操作者沟通，以确保受试者在测试过程中不出现意外。

（3）正式测试前，受试者不能参加其他体力活动。如果在测试前有进食和吸烟行为，则需要在测试前消化、休息一定时间。

（4）受试者应根据测试的器械准备好相应的服装和鞋子，确保发挥出正常的运动水平。

最大摄氧量间接测试法

上述测试结果精准，但需要受试者佩戴精密、昂贵的仪器才能进行。因此，这种测试方法一般用于运动科学实验或精英运动员测试。对普通健身者而言，只要完成规定时间或规定距离的全力奔跑，就可以大致推算出最大摄氧量。

健身者可根据自身情况从以下两种测试方法中进行选择。耐力比较好、有跑步基础者可以选择2.4千米跑进行测试，初级健身者或者体力较差者可以选择12分钟跑或者1.6千米行走测试。这三种测试方法在跑步机或普通田径场就可以完成。

测试方法

12分钟跑测试

测试12分钟内受试者跑的最长距离，并通过公式计算最大摄氧量，计算公式如下。

最大摄氧量＝［距离（米）-505］÷45

2.4千米跑测试

测试受试者跑2.4千米需要的最短时间，并通过公式计算最大摄氧量，计算公式如下。

最大摄氧量=平均跑速（米/分）×0.2+3.5

1.6千米行走测试

受试者在水平地面上以最快速度步行1.6千米，测试运动后的即刻心率，并通过公式计算最大摄氧量：最大摄氧量=132.853-0.0769×体重（千克）-0.3877×年龄+6.315×性别（男性性别取值为1，女性性别取值为0）-3.2649×时间（分钟）-0.1565×心率（次/分）。

体能测试

体能测试可以很好地反映健康状况。身体的特定部位以及发挥特定功能的肌肉可能需要进行强化或拉伸，这取决于日常活动。体能测试包括平衡力测试、力量与耐力测试以及柔韧性测试。

▌平衡力测试

本体感觉（平衡力）是人理解和利用空间中身体姿势信息的一种能力。它能让你不用眼睛看就可以控制四肢。双脚脚跟发出的信号、内耳与重力间的关系以及所看到的一切都会刺激身体，调动活跃或不活跃肌肉，以维持身体平衡。当你站起来、下台阶、举重、穿衣、抱孩子或踮起脚尖时，你的身体都会如此。通过提升身体的协调能力和运动能力，可以增强身体的稳定性并提高平衡力，降低受伤风险。以下介绍平衡力测试方法。

单腿平衡力测试

单腿平衡标准姿势

请一位朋友或家人为你计时。成年人应该有能力保持30秒的平衡。以下是测试步骤。

（1）站在坚硬的地面上。

（2）一只脚抬离地面，膝关节弯曲成90度。

（3）开始计时。如果完成测试有困难，你的眼睛也可以不闭。

（4）身体完全失去控制时就停止计时，将高抬的脚放下。

（5）重复做三次，计算平均数。

▌力量与耐力测试

所有的训练可以归结为两大方面，一个是耐力训练，另一个是力量训练。力量训练有三个要素：第一是大重量、少次数；第二是多组数；第三是长位移。着重针对各部位肌肉进行外加的重量或阻力训练，主要目标是增加肌肉力量，增大肌纤维（或者叫增大肌肉围度）。

耐力训练强调长时间持续性的运动，包括长跑、长距离游泳、长距离骑自行车等，主要目标是增强心肺功能，提升肌肉利用氧的能力，使身体能在长时间的有氧运动中坚持。

那么如何测试自己的力量与耐力呢？下面就介绍几种简单的自测方法，让你在健身过程中做到心中有数。

上肢力量与耐力

对任何一个人而言，要想轻松且毫无风险地完成日常活动，如搬运杂货、背书包和拿洗衣篮等，上肢的力量和耐力至关重要。完成日常活动中的一些动作以及各类竞技运动都依赖于强健的上肢肌肉的力量和耐力。

上肢的每块肌肉都有自己的功能，对日常运动产生或多或少的影响。在一项运动、活动或工作中过度使用一块肌肉就会造成肌肉失衡，如身体前侧肌肉比背部肌肉更加强壮，或者左侧肌肉比右侧肌肉更加有力。

俯卧撑测试

（1）四肢撑在垫面上，上身与垫面保持平行状态。

（2）测试时，男性做标准的俯卧撑姿势，女性可以选择做改良后的俯卧撑姿势（跪姿俯卧撑），进行1分钟的俯卧撑测试。

（3）两臂撑住身体，身体抬高伸直，然后屈臂，身体下压，与垫面距离控制在3~4厘米。

（4）记录1分钟完成标准俯卧撑的个数。

俯卧撑标准姿势

俯卧撑改良姿势

腹肌耐力

想要测试腹肌的耐力可以通过卷腹测试来实现。相对于仰卧起坐，这种方式更加安全，因为它并不需要调动髂腰肌。强壮的腹肌不仅可以为脊柱提供支撑，使运动时的身体姿势更加标准，而且对平衡和功能性运动也大有裨益。从双臂到双腿的任何运动要么由核心肌群协助进行，要么需要调动核心肌肉。当然，仰卧起坐并不是一无是处，对于高级训练者或者一些运动专项的运动员来说，仰卧起坐可以练习到髂屈肌群，从而可以提升运动表现，比如格斗运动员、足球运动员等。

卷腹测试

（1）仰卧于垫子上，双腿弯曲放置，双手放在两侧大腿上方。

（2）核心收紧，腰部紧贴垫子。

（3）腹肌发力，将上半身抬起，双手顺着大腿向膝盖方向移动，然后回到起始姿势。

（4）在1分钟内尽可能多做。

卷腹标准姿势

下肢力量与耐力

下肢分布了大量的肌群，在奔跑、走路、攀爬和跪坐等时，下肢是支撑身体的基础。下肢力量与耐力对关节的稳定性和身体的平衡力来说具有很大的作用。

许多人都有如果进行了大量的有氧训练，就不需要单独进行下肢训练的错误想法。要想让下肢继续稳定地支撑身体，就需要保持下肢肌肉的强健。

深蹲测试

（1）双脚分开站立，两脚间距略比肩宽，脚尖略向外，双腿伸直，臀部收紧，挺胸抬头，目视前方，下颌收紧，双臂伸直，掌心向下，平行于地面。

（2）屈膝屈髋下蹲，直至大腿与地面平行。

（3）在1分钟内尽可能多做。

深蹲标准姿势

▌柔韧性测试

柔韧性是指关节部位的活动幅度。如果关节无法活动，肌肉就无法正常工作，从而对日常活动或运动成绩产生影响。关节失去柔韧性可能会出现身体酸痛或者平衡紊乱等问题，而影响柔韧性的因素包括性别、年龄、基因等。

年龄越大，身体的柔韧性一般越差，因此使身体能够维持现有的灵活性至关重要。柔韧性的丧失会造成活动能力的缺失，反过来又会导致身体的不稳定。其造成的后果就是跌倒的风险增大，导致有可能失去自主生活的能力。在进行柔韧性测试前需要做几分钟的热身运动，注意不要过度伸展让身体产生痛感。

体前屈测试

（1）坐于垫上，双腿伸直并拢平放在垫面上，脚底面与垫面垂直。

（2）保持双腿伸直，屈髋使上身向前，同时双臂伸直触碰脚尖。

（3）以脚尖所在处为零刻度，用尺子量双手与双脚脚尖的距离。如果受试者的手触碰不到脚尖，则记负数；如果手超过脚尖，则记正数。

体前屈标准姿势

固定器械的使用

　　固定器械的运动轨迹固定，可以自由调节重量，使健身变得简单、轻松，且安全性高，非常适合健身新手。下面就来为大家分享一些健身房固定器械的使用方法。

坐式上斜推胸练习器

　　坐式上斜推胸练习器是一款锻炼胸肌上部肌肉力量的专用器械，利用该器械进行训练可以有效地提高胸部肌肉的力量，为之后进行卧推练习打下坚实的基础。

功能

　　这款器械专门用于锻炼胸肌和三角肌等肌肉，有助于提升肩关节和肘关节的稳定性，提高胸部、手臂和肩部肌肉的力量。

操作简易，设定明确

　　设备的使用方法简单，可以通过调节图中圈起来的黄色部件调节重量和座椅高度。

▌坐姿－上斜推胸练习－竖把位

坐于坐式上斜推胸练习器，调整座椅高度至适合位置。膝关节屈曲，双脚支撑于地面，背部紧贴椅背，双手握紧两侧手柄且掌心相对。手臂对抗阻力尽可能向斜上方伸展手臂。然后回到起始姿势，重复规定的次数。

背部紧贴椅背

掌心相对

训练目标
● 胸部上缘力量

目标肌肉
● 胸大肌、胸小肌、肱三头肌

要点
● 背部紧贴椅背，臀部紧贴靠垫，手臂发力
● 推起时，肘关节不要完全伸直，否则会在力竭的时候造成肘关节损伤

向上推举

手臂推起时呼气

还原时吸气

坐姿 – 上斜推胸练习 – 横把位

坐于坐式上斜推胸练习器，调整座椅高度至适合位置。膝关节屈曲，双脚支撑于地面，背部紧贴椅背，双手握紧两侧手柄且掌心向下。手臂对抗阻力尽可能向斜上方伸展手臂。然后回到起始姿势，重复规定的次数。

背部紧贴椅背
掌心向下
双腿自然弯曲

训练目标
- 胸部上缘力量

目标肌肉
- 胸大肌、胸小肌、肱三头肌

要点
- 手腕要与手臂保持平直，不要内扣或外翻
- 推起和还原时肩部始终放松，避免用力

向上推举
手臂推起时呼气

手臂伸直
还原时吸气

坐式双向推胸练习器

　　坐式双向推胸练习器是一款锻炼胸大肌的专用插片式力量器械。锻炼者选择合适的重量挂片后，通过推动推举臂，实现对胸大肌的有效刺激。其汇聚式运动轨迹，有利于对胸部施加充分的刺激。

功能

　　这款器械可专门用于锻炼胸肌、肱三头肌等肌肉。

操作简易，设定明确

　　设备的使用方法简单，可以通过调节图中圈起来的黄色部件调节重量和座椅高度。

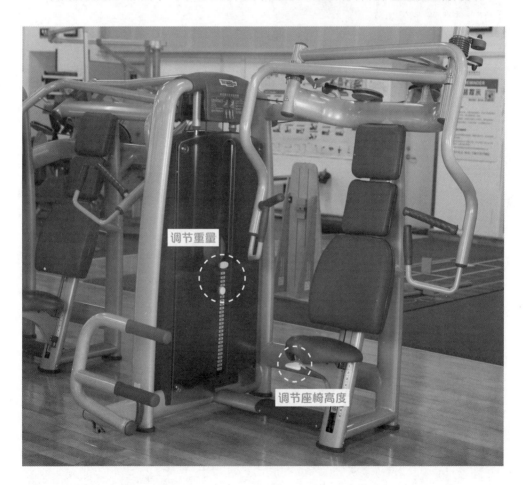

调节重量

调节座椅高度

坐姿－双向推胸练习－竖把位

坐于坐式双向推胸练习器，调整座椅高度至适合位置。膝关节屈曲，双脚支撑于地面，背部紧贴椅背，双手握紧两侧手柄且掌心相对。双臂同时对抗阻力尽可能向前推至手臂伸直。然后回到起始姿势，重复规定的次数。

训练目标
- 胸部力量

目标肌肉
- 胸大肌、胸小肌、肱三头肌

要点
- 背部紧贴椅背，臀部紧贴靠垫，手臂发力

掌心相对

背部紧贴椅背

向前推举

手臂前推时呼气

还原时吸气

▌坐姿－双向推胸练习－横把位

坐于坐式双向推胸练习器，调整座椅高度至适合位置。膝关节屈曲，双脚支撑于地面，背部紧贴椅背，双手握紧两侧手柄且掌心向下。双臂同时对抗阻力尽可能向前推至手臂伸直。然后回到起始姿势，重复规定的次数。

训练目标
- 胸部力量

目标肌肉
- 胸大肌、胸小肌、肱三头肌

要点
- 背部紧贴椅背，臀部紧贴靠垫，手臂发力

背部紧贴椅背

掌心向下

双腿自然弯曲

手臂伸直

向前推举

手臂前推时呼气

还原时吸气

坐式肩部推举练习器

坐式肩部推举练习器的活动臂，可以确保锻炼者沿正确的方向进行目标动作练习。锻炼者可以用不同的重量锻炼肩部肌肉。

功能

这款器械可专门用于锻炼三角肌前束及三角肌中束、肱三头肌等，可改善肩部力量，增强肩部功能，预防肩周疾病。

活动自然，锻炼选择多样

推举动作是双臂由下至上推至头顶的活动，活动自然；选择竖把位完成推举可以更多地刺激三角肌前束，而选择横把位则可以更多地刺激三角肌中束。可以通过图中圈起来的黄色部件调节重量和座椅高度。

调节重量

调节座椅高度

坐姿－肩部推举练习－竖把位

坐于坐式肩部推举练习器，调整座椅高度至适合位置。膝关节屈曲，双脚支撑于地面，背部紧贴椅背，双手握紧两侧手柄且掌心相对。手臂尽可能向上推举至手臂伸直，全程肘关节自然下垂。然后回到起始姿势，重复规定的次数。

掌心相对

背部紧贴椅背

训练目标
- 肩部力量

目标肌肉
- 三角肌前束和中束、肱三头肌

要点
- 背部紧贴椅背，臀部紧贴靠垫，手臂发力

向上推举

手臂伸直

手臂推起时呼气

还原时吸气

▎坐姿－肩部推举练习－横把位

坐于坐式肩部推举练习器，调整座椅高度至适合位置。膝关节屈曲，双脚支撑于地面，背部紧贴椅背，手臂与躯干保持在同一平面，双手握紧两侧手柄且掌心向前。手臂尽可能向上推举至手臂伸直，全程肘关节自然下垂。然后回到起始姿势，重复规定的次数。

掌心向前

背部紧贴椅背

训练目标
- 肩部力量

目标肌肉
- 三角肌前束和中束、肱三头肌

要点
- 背部紧贴椅背，臀部紧贴靠垫，手臂发力，手臂与躯干在同一平面

向上推举

手臂推起时呼气

还原时吸气

高拉背肌练习器

　　高拉背肌练习器是专门用于锻炼背部肌肉的健身器械。这种练习器通过绳索连接配重片，提供阻力，能够调整阻力和身体固定角度，以适应不同健身者的训练需求和个人偏好。

功能

　　高拉背肌练习器主要用于训练背部肌肉，包括背阔肌、斜方肌下束等肌群，健身者可以通过不同的握距来刺激不同部位的背肌。

阻力方向灵活

　　高拉背肌练习器的阻力方向非常灵活，可以随着健身者的不同训练目标而改变。

高拉-宽握-背肌练习

　　坐于高拉背肌练习器，调整固定器（横垫）的高度，以更好地固定双腿。膝关节屈曲，双脚支撑地面。手臂与躯干保持在同一平面且正握于拉力杆，双手之间的距离为1.5倍肩宽。核心收紧，躯干保持直立，肩胛骨下沉，双臂下拉横杆至体前锁骨位，然后回到起始姿势，重复规定的次数。

训练目标
- 背部力量

目标肌肉
- 背阔肌、斜方肌下束、菱形肌、肱二头肌

要点
- 动作过程中保持躯干收紧且直立，肋骨不要外翻

划船练习器

　　划船练习器是一种模拟划船动作训练背部肌肉的健身设备。它提供向后的阻力，使健身者可以模拟划船的动作，锻炼背部肌肉。

功能

　　这款器械主要用来锻炼背部的背阔肌、菱形肌、斜方肌。经常利用该器械进行锻炼，不但可以使背部的肌肉线条更漂亮，还可以在一定程度上改善不良的体态。

操作简易，功能强大

　　健身者坐在座椅上，双手握住拉力装置的手柄，通过向后拉的动作来锻炼背部，操作简单，新手可以轻松上手。同时，该器械可以增加负重，也可以满足健身进阶者的需求。

坐姿－划船

坐于划船练习器，躯干直立，双脚固定于踏板，屈膝屈髋至双臂伸直正握于拉力手柄位。躯干保持直立，后背收紧，双臂紧贴于身体两侧向后拉动拉力手柄，直至双手拉于腹前。然后回到起始姿势，重复上述动作。

训练目标
• 背部力量

目标肌肉
• 背阔肌、菱形肌、斜方肌中下束、肱二头肌

要点
• 动作过程中保持躯干收紧且直立

肱三头肌双向练习器

肱三头肌双向练习器是一种专门设计用于训练肱三头肌的健身器械。该器械的运动轨迹固定，零基础的健身者也可以安全地锻炼肱三头肌。

功能

该器械可有效地紧致手臂后侧的肌肉，同时还可以增强手臂后侧肌肉的力量，使肘关节和肩关节更加稳定。

注意

使用时注意肘关节固定于肋骨两侧。

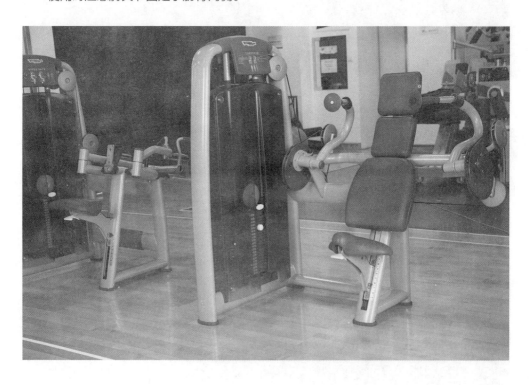

坐姿－肱三头肌双向－练习

坐于肱三头肌双向练习器，调整座椅高度至适合位置。膝关节屈曲，双脚支撑地面，躯干紧靠椅背，双手握紧两侧手柄且掌心相对。双臂同时对抗阻力尽可能向将手臂伸直。然后回到起始姿势，重复规定的次数。

训练目标
- 手臂力量

目标肌肉
- 肱三头肌

要点
- 后背和臀部紧贴靠垫，手臂发力

坐式手臂弯举练习器

　　坐式手臂弯举练习器主要锻炼肱二头肌、肱肌、肱桡肌等肌肉，训练动作简单且能快速增强肱二头肌力量。

功能

　　这款器械可有效地对手臂进行紧致塑形，同时还可以增强手臂功能，避免其功能退化。

操作简易，设定明确

　　设备的使用方法简单，可根据自身情况增减配重。可通过图中圈起来的黄色部件调节重量和座椅高度。

调节重量

调节座椅高度

坐姿－手臂弯举练习

坐于坐式手臂弯举练习器，调整座椅高度至适合位置。膝关节屈曲，双脚支撑于地面，背部紧贴椅背，双手握紧两侧手柄，肘关节紧贴支撑垫。肘关节屈曲至最大限度以向上弯举。然后回到起始姿势，重复规定的次数。

背部紧贴椅背

掌心向前

训练目标
- 手臂力量

目标肌肉
- 肱二头肌、肱肌、肱桡肌

要点
- 背部紧贴椅背，臀部紧贴靠垫，肘关节紧贴支撑垫，手臂发力

向上弯举

肘关节屈曲时呼气

还原时吸气

六柱训练站

六柱训练站也叫绳索气阻练习器，可以同时供六人训练使用，可自由调节滑轮高度，并且绳索的方向也很自由，绳索给健身者施加的阻力很均匀，具有很好的安全性，是一款能锻炼全身的器械。

功能

这是一款可用于全身训练的多功能设备。它适用于从康复训练到各专项训练等几百种不同的训练。各类训练项目都可以使用该器械，其能够以各种速度进行训练且具有良好的训练效果。

训练全面，对身体的冲击力低

设备的滑轮高度可以随意调节且滑轮可以固定位置，各个方向的推、拉形式的训练动作都可以通过调整滑轮的高度和绳索的方向完成。锻炼者可以对训练进程进行控制。利用该器械可从任何角度进行训练。

站姿－肩外旋

　　侧向站于绳索气阻练习器前，双脚打开，身体直立。外侧手臂肘关节屈曲90度，上臂紧贴躯干，手持把手。外侧肘关节夹紧，肩部以上臂为轴向外旋转至最大限度。然后回到起始姿势，重复规定的次数，对侧亦然。

外侧手臂肘关节屈曲90度

训练目标
- 肩袖肌群力量

目标肌肉
- 冈下肌、小圆肌

要点
- 动作过程中保持上臂始终紧贴躯干

向外旋转

肩外旋时呼气

还原时吸气

▌站姿－招财猫

正向站于绳索气阻练习器前，双脚打开，身体直立。一侧手臂水平伸直与躯干成90度，手持把手，掌心向下。身体保持稳定，持把手侧手臂屈肘90度，然后肩部发力，以上臂为轴向上旋转90度。然后回到起始姿势，重复规定的次数，对侧亦然。

掌心向下

身体保持稳定

训练目标
- 肩袖肌群力量

目标肌肉
- 冈下肌、小圆肌

要点
- 肩关节在上旋时保持上臂稳定且肘关节成90度夹角

向上旋转

屈肘90度

肩上旋时呼气

还原时吸气

史密斯机

史密斯机是一种抗阻训练器械，它由外框架和两个固定在钢轨内的可调节杠铃组成，限制杠铃在垂直面或近垂直面内运动。你可以用史密斯机完成多种动作，包括卧推、肩推和深蹲。因为杠铃在水平面内被固定，所以即使杠铃有一些旋转，竖直方向的运动轨迹也不会被改变。对健身新手或没有人辅助的训练者来说，史密斯机更加安全。史密斯机对核心的稳定性要求比较低，所以大部分人在使用史密斯机时都能够把控住更大的重量。

功能

该器械可用于多种动作，其运动轨迹稳定，可以起到刺激目标肌群、巩固动作模式的目的。史密斯机可以作为使用自由杠铃训练的过渡，也可在单人训练大重量时使用，具有相对较高的安全性。它还可用于各种运动损伤的康复和预防训练。有一些史密斯机最高处还有些把手，健身者可利用这些把手完成引体向上练习。

安全性能高

史密斯机的杠铃滑动轨迹受到限制，能够让训练者更稳定地控制动作，使肌肉得到更强的刺激。利用该器械可以完成深蹲、卧推、坐姿提踵、俯身划船等动作。该器械是一个安全性很高的训练设备，训练者可以放心地使用较大重量锻炼。

引体向上

杠铃硬拉和杠铃划船　　杠铃深蹲

▍俯身－杠铃划船

双脚开立与肩同宽或略宽于肩，脚尖向前。屈膝屈髋，躯干挺直且向前俯身。双手自然下垂握杠铃杆于膝关节处。躯干保持挺直，肩胛骨后缩，手臂发力，同时手臂沿身体两侧向上提拉杠铃至胸前位置。然后回到起始姿势，重复规定的次数。

脚尖向前

训练目标
- 背部力量

目标肌肉
- 背阔肌、斜方肌、菱形肌、肱二头肌

要点
- 动作过程中始终保持躯干挺直

躯干保持挺直

向上提拉

手臂向上提拉时呼气

还原时吸气

█杠铃深蹲

　　双脚开立与肩同宽，脚尖向前，眼睛直视前方，调整杠铃杆至合适的高度。略屈膝屈髋，将杠铃杆扛于颈后肩部区域，起杠处于直立位。躯干保持挺直且收紧，屈膝屈髋下蹲至大腿与地面平行，然后下肢发力，伸膝伸髋至站立位完成一次动作。重复规定的次数。

躯干保持挺直
且收紧

训练目标
- 腿部力量

目标肌肉
- 臀大肌、股四头肌

要点
- 动作过程中始终保持躯干挺直且收紧

下蹲时吸气

屈髋屈膝下
蹲至大腿平
行于地面

还原时呼气

▌杠铃硬拉

　　双脚开立，与肩同宽或略宽于肩，脚尖向前。然后屈髋屈膝，双手握杠铃杆于膝关节下方且贴近小腿处，保持躯干挺直，挺胸收腹，眼睛直视前方。伸髋提拉杠铃站起至直立位，重复规定的次数。

训练目标
- 大腿后侧、腰背力量

目标肌肉
- 腘绳肌、臀大肌、竖脊肌

要点
- 动作过程中躯干始终收紧且保持挺直

杠铃深蹲跳

双脚开立，与肩同宽或略宽于肩，脚尖向前。将杠铃杆置于肩后部斜方肌处，双手固定于杠铃杆两端。躯干挺直，挺胸收腹，眼睛直视前方。下蹲至大腿上沿与地面平行，然后下肢发力，伸膝伸髋，快速向上跳起。重复规定的次数。

保持背部挺直

训练目标
● 臀腿爆发力

目标肌肉
● 臀大肌、股四头肌、腘绳肌、腓肠肌、比目鱼肌

要点
● 动作过程中躯干始终保持挺直，膝关节和脚尖方向保持一致

屈膝屈髋下蹲

下蹲时吸气

快速向上跳起

跳起时呼气

▌杠铃站姿提踵

　　双脚开立，与肩同宽或略宽于肩，双脚前脚掌分别踩在两个杠铃片上，脚后跟悬空。将杠铃杆置于肩后部斜方肌处，双手固定于杠铃杆两端。躯干挺直，挺胸收腹。小腿后侧肌肉发力，尽力抬高脚跟，然后回到起始姿势，重复规定的次数。

训练目标
* 小腿后侧力量

目标肌肉
* 腓肠肌、比目鱼肌

要点
* 动作过程中始终保持躯干挺直且收紧

腹肌椅

　　腹肌椅是一种专门设计用于锻炼腹肌的健身器械。该器械的设计原理是通过改变健身者的体位，使健身者可以通过自重或者增加负重来完成卷腹动作。

功能

　　腹肌是位于腹部前侧的肌肉群，对于核心稳定性和身体姿势的维持起着重要的作用。健身者使用该器械可以有效锻炼腹肌，提高腹肌力量、耐力，改善身体稳定性。

操作简易

　　腹肌椅由一个斜坡形的椅子和固定双腿的装置组成。健身者将双腿放在下方的固定装置上，并用双脚钩住上方的固定装置，便可以开始锻炼。

▌卷腹

躺在腹肌椅上，双腿放在下方的固定装置上，双脚钩住上方的固定装置，双手抱于胸前。腹部收缩卷曲身体，抬起上半身至最大限度。然后回到起始姿势，重复规定的次数。

训练目标
- 腹部耐力

目标肌肉
- 腹直肌、腹内斜肌、腹外斜肌

要点
- 动作过程中尽量让躯干卷曲，避免头颈代偿

卷腹练习器

卷腹练习器是多数健身房都有的器械，其操作简单，可根据自身情况增加或减少负荷，可以很好地锻炼腰腹部肌肉。

功能

这款器械有利于腹部塑形，减小腰围；能强化腹部肌肉，增强腹部肌肉对器官的保护作用。

操作注意事项

记住用腰腹部而不是臀部、手臂来完成运动。确保全程都是用腰腹部发力。为了避免用到太多髋关节前侧肌肉的力量，需要让臀部处于较高的位置并保持不动，如果动作过程中髋关节活动幅度较大，代表你在完成此动作时，使用髋关节前侧肌肉的比例更大。

扶手

跪垫

▌跪姿－卷腹

双膝跪于卷腹练习器，保持膝关节、髋部、躯干成一条直线。双手握住上方扶手，前臂支撑于垫子上。腹部收缩，屈曲躯干与髋部。然后回到起始姿势，重复规定的次数。

膝关节、髋部和躯干成一条直线

前臂支撑于垫子上

训练目标
- 腹部力量

目标肌肉
- 腹直肌、髂腰肌

要点
- 腹部发力，膝关节和前臂始终紧贴垫子

腹部收缩

屈曲躯干与髋部

收腹时呼气

还原时吸气

卷腹机

卷腹机针对性强、对脊柱压力较小。器械的阻力方向向上，所以健身者可以用坐姿完成卷腹动作。由于腿部相对固定，所以该器械可以更好地减小对髋关节前侧肌肉的刺激，增大对腹部肌肉的锻炼效果。

功能

一般健身房都有这种器械，操作非常简单且实用，可根据自身情况增加或减少负荷。利用该器械能很好锻炼整个腹部，增强核心力量。

安全实用

使用该器械时，可以借助手部力量的保护，把运动受伤的概率降到最低，该器械适合健身新手。

可调节阻力手柄

坐垫

▌坐姿－卷腹

坐于卷腹机，调整座椅高度至适合位置，膝关节屈曲，双脚支撑于地面。胸部紧贴前侧支撑垫，双手握紧两侧手柄。腹部收缩，躯干对抗阻力尽可能向前屈曲至最大限度。然后回到起始姿势，重复规定的次数。

胸部紧贴前侧支撑垫

训练目标
- 腹部力量

目标肌肉
- 腹直肌

要点
- 腹部发力，胸部紧贴前侧支撑垫

向前屈曲

卷腹时呼气

还原时吸气

坐姿小腿训练机

坐姿小腿训练机是一款针对小腿肌群的器械。使用该器械进行锻炼时，双腿处于屈曲状态，在此状态下可以更好地刺激小腿的比目鱼肌，这不仅可以增强小腿肌群的力量、美化小腿曲线，还能提高踝关节的刚性。

功能

利用该器械可强化小腿肌肉和跟腱，增强腿部力量，降低损伤的概率，减轻脚踝和胫骨的压力。

操作简易，设定明确

设备的使用方法简单，按压手柄处的黄色按钮可调节阻力。

可调节阻力手柄

坐垫

踏板

▋坐姿－小腿训练

坐于坐姿小腿训练机，躯干挺直，膝关节屈曲，双脚踩于踏板上。双手握住两侧可调节阻力手柄并下压固定小腿。躯干挺直，踝关节对抗阻力尽可能抬起脚跟。然后回到起始姿势，重复规定的次数。

双脚踩于踏板上

训练目标
- 小腿力量

目标肌肉
- 比目鱼肌

要点
- 动作过程中始终固定好小腿，踝关节发力

踝关节跖屈时呼气

还原时吸气

提腿练习器

提腿练习器采用大号的钢管结构，配以符合人体曲线的波浪形护垫，让健身者在锻炼中保持最佳的训练姿势，达到增强健身效果的目的。

功能

使用该器械可塑造腹部曲线，减小腰围，强化腹部肌肉，增强腹部肌肉对内脏的保护作用。

适用人群广泛

该设备独特的背垫设计腰部为提供最佳支撑；扶手和脚踏适合不同身材的使用者，使用者可根据自身情况选择。

提腿

　　支撑于提腿练习器，躯干紧贴背垫，前臂支撑于肘垫上，身体悬空。腹部收紧，屈髋抬腿至最大限度。然后回到起始姿势，重复规定的次数。

躯干紧
贴背垫

训练目标
- 腹部力量

目标肌肉
- 腹直肌、髂腰肌

要点
- 动作过程中身体始终处于悬空状态，发力时腹部收紧

屈髋抬腿

屈髋抬腿时呼气

还原时吸气

腿部内收机

　　腿部内收机是一款适用于锻炼大腿内侧肌肉的健身器械，长期利用该器械进行锻炼可以提升腿部肌肉的力量，并且有效塑造出健美的腿部肌肉。

功能

　　该器械主要用于锻炼大腿内收肌群，包含大收肌、长收肌、短收肌、股薄肌及耻骨肌等，使用时按其固定的路线、方法进行锻炼即可。

操作简易，设定明确

　　此设备结构简单，设计巧妙，使用者可以根据自身训练需求，对阻力进行调整，以有效锻炼大腿内收肌群。

座椅

可调节阻力手柄

支撑垫

▎坐姿－大腿内侧练习

坐于腿部内收机，调整座椅高度至适合位置。双腿放于支撑垫上，躯干紧贴椅背，双手握住两侧可调节阻力手柄。髋部内侧发力，髋关节内收，膝关节内侧对抗支撑垫至身体中线位。然后回到起始姿势，重复规定的次数。

躯干紧贴椅背

训练目标
- 大腿内侧力量

目标肌肉
- 大腿内收肌群

要点
- 躯干紧贴椅背，臀部紧贴靠垫，髋部内侧发力

髋关节内收时呼气

髋关节内收

还原时吸气

腿部外展机

　　腿部外展机是一款针对臀部外展肌的健身器械，利用该器械进行锻炼可以增强臀部肌肉的力量。

功能

　　使用者可以根据自身训练需求对阻力进行调整，以有效锻炼臀部外展肌群，对缓解膝内扣有一定帮助。

注意

　　腿部内收机与腿部外展机为两个不同的器械，注意区别。

座椅

可调节阻力手柄

支撑垫

▍坐姿－大腿外侧练习

坐于腿部外展机，调整座椅高度至适合位置。双腿放于支撑垫上，躯干紧贴椅背，双手握住两侧可调节阻力手柄。髋部外侧发力，膝关节外侧对抗支撑垫，髋关节外展至最大限度。然后回到起始姿势，重复规定的次数。

躯干紧贴椅背

训练目标
- 臀腿外侧力量

目标肌肉
- 臀中肌、阔筋膜张肌、髂胫束

要点
- 躯干紧贴椅背，臀部紧贴靠垫，髋部外侧发力

髋关节外展

髋关节外展时呼气

还原时吸气

腿部推蹬机

　　腿部推蹬机在健身房里很常见，利用该器械进行训练能显著增加腿部肌肉的力量，并且能同时锻炼多个肌群，如臀肌、大腿肌群、小腿肌群等。

功能

　　这款器械主要用来锻炼腿部肌肉，主要锻炼的是大腿前后侧肌群。经常利用该器械进行锻炼可以改善腿部线条。

操作简易，功能强大

　　其简易的调整设定与操作模式使健身新手能轻松上手，其强大的训练功能符合健身进阶者的需求。

踏板

可调节阻力手柄

▌坐姿－腿部推蹬－交替

坐于腿部推蹬机，调整座椅高度至适合位置。一侧腿屈膝约90度，另一侧腿伸直，且均踩于踏板上。躯干紧贴椅背，双手握于两侧可调节阻力手柄。身体收紧，屈膝侧腿发力快速向前蹬伸，同时另一侧腿快速屈膝约90度。反复交替进行，重复规定的次数。

躯干紧贴椅背

双脚踩在踏板上

训练目标
- 腿部爆发力、力量

目标肌肉
- 股四头肌、腘绳肌、腓肠肌、比目鱼肌

要点
- 躯干紧贴椅背，臀部紧贴靠垫，推蹬时膝关节和脚尖方向一致向上

蹬腿时呼气

向前蹬伸

还原时吸气

坐姿－腿部推蹬－双腿

坐于腿部推蹬机，调整座椅位置至适合高度。双腿屈膝约90度，且均踩于踏板上。躯干紧贴椅背，双手握于两侧可调节阻力手柄。身体收紧，双腿同时发力快速向前蹬伸至伸直位，然后回到起始姿势，重复规定的次数。

躯干紧贴椅背

训练目标
● 腿部爆发力、力量

目标肌肉
● 股四头肌、腘绳肌

要点
● 躯干紧贴椅背，臀部紧贴靠垫，推蹬时膝关节和脚尖方向一致向上

双腿同时
向前蹬伸

蹬腿时呼气

还原时吸气

龙门架

龙门架又叫双臂交叉训练机，也叫"大飞鸟"，是一个外观像"门"字形的多功能训练设备。健身房的龙门架的横梁中间会配有一个用于做引体向上的横杆。多数人倾向于用龙门架训练绳索做下斜夹胸以及站姿绳索下拉两个动作，此外，还可以用龙门架训练绳索肱二头肌弯举、绳索肱三头肌下压、站姿绳索前推、俯身绳索侧平举等动作。

功能

龙门架是一款能够锻炼到身体各个部位的健身器械，不仅可以强化胸肌，同时对手臂的肱二头肌、肱三头肌都有很好的锻炼作用，还能锻炼到背部肌肉。

局限性小，全方面锻炼

跟其他运动器械相比，龙门架最大的优点就是它能锻炼到身体各个部位，局限性是比较小的，基本上每个健身房都会有这个运动器械。其健身效果也不亚于其他运动器械，因此十分受欢迎。

可调节重量

绳索

坐姿 – 绳索肩关节内收

坐于练习凳，躯干挺直，膝关节屈曲，双脚支撑于地面。双臂外展90度与地面平行，与躯干在同一平面，双手握绳索且掌心向下。躯干挺直，手臂对抗阻力向下内收至身体两侧。然后回到起始姿势，重复规定的次数。

躯干挺直

训练目标
- 背部力量

目标肌肉
- 背阔肌、大圆肌、小圆肌

要点
- 动作过程中始终保持手臂与躯干在同一平面

手臂向下内收时呼气

双臂向下内收

还原时吸气

▌绳索下斜夹胸

前后分腿背向站于龙门架前，躯干挺直，身体略前倾，双手握绳索，肘关节屈曲，前臂与躯干在同一平面。腹部收紧，胸部发力收缩使手臂向斜下方内收至双手在身体前方接触。然后回到起始姿势，重复规定的次数。

躯干挺直

训练目标
- 胸部下缘力量

目标肌肉
- 胸大肌

要点
- 动作过程中手臂始终保持稳定的支持位

手臂内收时呼气

手臂内收

还原时吸气

▎绳索胸部前推

前后分腿背向站于龙门架前，躯干挺直，身体略前倾，双手握绳索，肘关节屈曲90度，上臂与躯干在同一平面。腹部收紧，胸部发力收缩使手臂向胸部正前方方向内收，直到双手在身体前方接触。然后回到起始姿势，重复规定的次数。

躯干挺直

训练目标
- 胸部力量

目标肌肉
- 胸大肌

要点
- 动作过程中始终保持手臂稳定

手臂内收时呼气

手臂内收

还原时吸气

▌跪姿－绳索高位交叉下拉（背）

正向跪于龙门架前，大腿与躯干成一条直线，双臂伸直且交叉于头顶前上方，双手握绳索。躯干收紧且直立，肘关节屈曲，肩关节伸展，同时肩胛骨后缩并下回旋，双臂交叉下拉至胸部两侧。然后回到起始姿势，重复规定的次数。

躯干收紧
且直立

训练目标
● 背部力量

目标肌肉
● 背阔肌、肱二头肌、三角肌、菱形肌

要点
● 动作过程中大腿与躯干成一条直线

双臂交叉下拉时呼气

双臂交叉下拉

还原时吸气

绳索后拉（背）

正向站于龙门架前，双脚开立与肩同宽，双臂向前伸直且平行，双手握绳索。躯干收紧且直立，肘关节屈曲，肩胛骨后缩，双臂后拉至面部两侧。然后回到起始姿势，重复规定的次数。

躯干收紧
且直立

训练目标
- 背部力量

目标肌肉
- 背阔肌、三角肌、斜方肌、菱形肌

要点
- 动作过程中保持躯干收紧且直立

双臂后拉时呼气

双臂后拉

还原时吸气

▌绳索肱二头肌弯举

正向站于龙门架前，双脚开立与肩同宽，双臂放于身体两侧，上臂夹紧躯干，双手反握绳索。躯干收紧且直立，上臂夹紧于身体两侧，肘关节对抗阻力屈曲至最大限度。然后回到起始姿势，重复规定的次数。

躯干收紧
且直立

训练目标
- 手臂力量

目标肌肉
- 肱二头肌

要点
- 动作过程中保持躯干收紧且直立

肘关节屈曲
时呼气

肘关节屈曲

还原时吸气

绳索肱三头肌下压

正向站于龙门架前，双脚开立与肩同宽，上臂夹紧躯干，双手正握绳索。躯干收紧且直立，保持上臂夹紧于身体两侧，肘关节对抗阻力伸展至伸直位。然后回到起始姿势，重复规定的次数。

训练目标
- 手臂力量

目标肌肉
- 肱三头肌

要点
- 动作过程中保持躯干收紧且直立

躯干收紧且直立

肘关节伸展时呼气

肘关节伸展

还原时吸气

跪姿－绳索卷腹

正向跪于龙门架前，大腿大致垂直于地面，躯干保持挺直，双手握绳索于下颌处。腹部收缩，屈曲躯干至最大限度。然后回到起始姿势，重复规定的次数。

躯干保持挺直

训练目标
● 腹部力量

目标肌肉
● 腹直肌

要点
● 动作过程中始终避免头颈代偿

躯干屈曲时呼气

躯干屈曲

还原时吸气

坐姿－绳索肩上推举

坐于练习凳，躯干挺直，膝关节屈曲，双脚支撑于地面。双臂外展、屈肘，与躯干在同一平面，双手握绳索且掌心向前。躯干挺直，手臂在躯干平面内向上推举至伸直位。然后回到起始姿势，重复规定的次数。

掌心向前 **躯干挺直**

训练目标
- 肩部力量

目标肌肉
- 三角肌、肱三头肌

要点
- 动作过程中始终保持手臂与躯干在同一平面

手臂向上推举时呼气

向上推举

还原时吸气

▌俯身－绳索肩部侧拉

　　双脚开立与肩同宽或略宽于肩，屈膝屈髋。外侧手持绳索，内侧手支撑于膝关节处。躯干保持与地面大致平行且挺直，肩胛骨收紧，外侧手臂发力，对抗阻力直臂外展至与躯干在同一平面。然后回到起始姿势，重复规定的次数，对侧亦然。

躯干与地面接近平行

训练目标
● 肩部力量

目标肌肉
● 三角肌后束、肩袖肌群

要点
● 动作过程中躯干保持挺直，肩胛骨收紧

手臂外展时呼气

直臂外展

还原时吸气

▌站姿－绳索腿外展

侧向站于龙门架前，身体保持直立位。外侧腿踝关节处固定绳索，外侧手叉腰，内侧手扶于器械。内侧腿支撑于地面，保持身体稳定。外侧腿髋部外侧发力，对抗阻力使髋关节外展至最大限度。然后回到起始姿势，重复规定的次数，对侧亦然。

背部挺直

训练目标

- 臀部力量

目标肌肉

- 臀中肌、阔筋膜张肌、髂胫束

要点

- 动作过程中保持身体稳定，同时控制骨盆位置，避免过度侧向倾斜

髋关节外展时呼气

髋关节外展

还原时吸气

▌站姿–绳索腿内收

侧向站于龙门架前，身体保持直立位。内侧腿踝关节处固定绳索，双手叉腰。外侧腿支撑于地面，保持身体稳定。内侧腿髋部内侧发力，对抗阻力使髋关节内收至支撑腿外前侧。然后回到起始姿势，重复规定的次数，对侧亦然。

背部挺直

训练目标
- 大腿内侧力量

目标肌肉
- 耻骨肌、短收肌、长收肌、大收肌、股薄肌

要点
- 动作过程中保持身体稳定，同时控制骨盆位置，避免过度侧向倾斜

髋关节内收时呼气

髋关节内收

还原时吸气

绳索腿后蹬

单腿支撑于地面，躯干挺直且略向前俯身，双手扶于龙门架。另一侧腿屈膝屈髋约90度，绳索固定于脚跟处。身体保持稳定，非支撑腿和臀部发力，伸膝伸髋至大腿与躯干成一条直线。然后回到起始姿势，重复规定的次数，对侧亦然。

训练目标
- 臀部力量

目标肌肉
- 臀大肌、腘绳肌

要点
- 动作过程中保持身体稳定

▌站姿－绳索提踵

呈站姿，双手各持相同重量的绳索于身体两侧。保持身体稳定，双侧脚踝发力，对抗绳索阻力的同时向上跖屈踝关节至最大限度。然后回到起始姿势，重复规定的次数。

背部挺直

训练目标
- 小腿力量

目标肌肉
- 腓肠肌、比目鱼肌

要点
- 动作过程中保持身体稳定

提踵时呼气

脚踝发力

还原时吸气

自由器械的使用

自由器械适用于健身进阶者和健身达人，健身者可以根据自身的肌肉特性来调整关节角度，以便肌肉得到更全面的训练。自由器械由每个人特定的运动模式来控制，并可根据健身者的训练目标做精细调整。自由器械的运动轨迹不稳定，因此更有助于提升多肌群的协同和关节的稳定性，较为适合有经验的运动者。下面就来为大家介绍健身房中的自由器械。

哑铃

哑铃因为训练时没有声响故取名为哑铃，它和杠铃一样，是健身房必配的硬件辅助健身设备。哑铃属于自由器械，是实用的力量训练器械之一，通常被握在手上使用，可以选择使用一对哑铃或是单个使用。固定重量的哑铃从几千克到几十千克不等。

功能

哑铃作为一种既方便又实用的小型健身器械，可用于复合动作训练。手臂肌肉力量较小的人群可以利用哑铃进行抗阻训练，以此增强肌肉力量。另外，经常进行力量训练或者配合哑铃锻炼，可以使身材更健美、增肌减脂、提高人体代谢率。

哑铃－单臂下蹲高翻

双脚开立，与肩同宽或略宽于肩，一只手持哑铃自然下垂。躯干保持挺直，屈膝屈髋下蹲至哑铃位于小腿二分之一处。然后快速伸膝伸髋，同时快速耸肩，抬起上臂提拉哑铃至胸部的高度，当身体完全伸展时，翻肘翻腕旋后肩关节，使哑铃位于肩关节上方，同时下蹲至半蹲位，继而蹲起至直立位。最后回到起始姿势，重复规定的次数，对侧亦然。

躯干保持挺直

屈膝屈髋下蹲

训练目标
- 整体力量

目标肌肉
- 臀大肌、股四头肌、腘绳肌、腓肠肌、比目鱼肌、核心肌群、斜方肌、肩部肌群、肱二头肌、肱三头肌

要点
- 动作过程中始终保持躯干挺直
- 动作过程中始终保持膝关节和脚尖方向一致向前
- 提拉过程中，充分伸膝伸髋后使用上肢提拉

蹲起高翻时呼气

向上翻举

还原时吸气

▋哑铃－单腿－硬拉

单脚站立，双手握哑铃自然下垂于身体两侧。支撑腿屈膝下蹲，非支撑腿向后伸展。臀部与腿部发力，回到起始姿势，重复规定的次数，对侧亦然。

身体保持挺直----

单脚站立

训练目标
- 臀腿力量

目标肌肉
- 臀大肌、股四头肌、腘绳肌、腓肠肌

要点
- 核心收紧
- 背部挺直
- 骨盆保持中立位

身体下降时呼气

屈膝下蹲

还原时吸气

▌哑铃－俯身－双臂弯举起身

双脚开立，与肩同宽。双手握哑铃放在肩关节上方。以腰部为轴，向下俯身至躯干与大腿大致成90度。下背部发力，回到起始姿势，重复规定的次数。

双手放在肩
关节上方

核心收紧

训练目标
- 腰臀力量

目标肌肉
- 腰部肌群、臀部肌群、腘绳肌

要点
- 核心收紧
- 背部平直

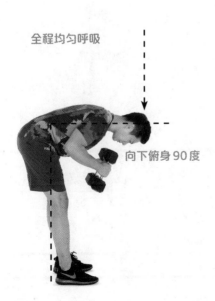

全程均匀呼吸

向下俯身90度

下背部发力回到
起始姿势

▌哑铃−站姿−躯干侧屈

双脚开立，与肩同宽或略宽于肩，一只手握哑铃自然下垂，掌心向内，另一只手扶于脑后。腰背保持挺直，躯干向持哑铃侧屈曲至最大限度。停留片刻，腹部外侧肌群发力，然后回到起始姿势，重复规定的次数，对侧亦然。

腰背保
持挺直

训练目标
- 腰腹力量

目标肌肉
- 腹外斜肌、腹内斜肌

要点
- 运动过程中对侧脚不要抬起

向侧面屈曲

屈曲时呼气

还原时吸气

哑铃-站姿-单臂强力推举

双脚开立，与肩同宽，一只手握哑铃，屈肘将哑铃推举至肩关节上方，肘关节指向外侧。屈髋屈膝下蹲至大腿与地面大致平行。下肢肌肉发力，快速蹲起，双腿伸直，同时上肢肌肉发力，上举哑铃，手臂伸直举过头顶。回到起始姿势，重复规定次数，对侧亦然。

- - - 保持腰背挺直

训练目标
- 腿、肩部爆发力

目标肌肉
- 三角肌、臀大肌、股四头肌、腘绳肌

要点
- 动作过程中保持腹部收紧、腰背挺直

手臂上举伸直

蹲起时呼气

还原时吸气

▌哑铃－双臂高翻

　　双脚开立，与肩同宽或略宽于肩，背部挺直，俯身下蹲，臀部向后至大腿与地面大致平行。双臂伸直，双手各握一个哑铃自然垂于小腿中段前侧，掌心向后。下肢肌肉发力，快速向上蹲起，双腿伸直，同时双臂上提哑铃至肩关节上方，此时肘关节屈曲，掌心向前。停留片刻，回到起始姿势，重复规定的次数。

双臂伸直

训练目标
- 全身爆发力

目标肌肉
- 臀大肌、股四头肌、腘绳肌、腓肠肌、比目鱼肌、核心肌群、斜方肌、肩袖肌群、三角肌

要点
- 动作过程中保持腹部收紧、背部挺直
- 下蹲过程中膝关节不超过脚尖

蹲起时呼气

双臂上提

上提哑铃至肩关节上方　　还原时吸气

哑铃－双臂下蹲高翻

双脚开立，与肩同宽或略宽于肩，双手持哑铃自然下垂。躯干保持挺直，屈膝屈髋下蹲至哑铃位于小腿二分之一处。然后下肢肌肉发力，快速伸膝伸髋，同时快速耸肩，上肢肌肉发力，抬起上臂提拉哑铃至胸部的高度。当身体完全伸展时，翻肘翻腕旋后肩关节，使哑铃位于肩关节上方，同时下蹲至大腿大致与地面平行，继而蹲起至直立位。最后回到起始姿势，重复规定的次数。

躯干保持挺直

屈膝屈髋下蹲

训练目标
- 全身爆发力

目标肌肉
- 臀大肌、股四头肌、腘绳肌、腓肠肌、比目鱼肌、核心肌群、斜方肌、肱二头肌、肩袖肌群、肱三头肌、三角肌

要点
- 动作过程中始终保持躯干挺直
- 动作过程中始终保持膝关节与脚尖方向一致向前
- 提拉过程中，充分伸膝伸髋后使用上肢提拉

蹲起高翻时呼气

还原时吸气

身体完全伸展

▌哑铃－坐姿－双侧提踵

坐在训练椅上，腰背挺直，双腿屈膝90度，双脚分开与肩同宽，双脚脚尖支撑于前方的踏板上，脚跟撑于地面。双手各握一个哑铃放于双腿大腿上，掌心相对。小腿后侧肌肉发力，双脚踮起脚尖做提踵动作。停留片刻，回到起始姿势，重复规定的次数。

腰背挺直

双腿屈膝
90度

训练目标
• 小腿力量

目标肌肉
• 比目鱼肌

要点
• 在运动过程中保持腰背挺直

提踵时呼气

双脚提踵

还原时吸气

▌哑铃-坐姿-双臂锤式推举

坐在训练椅上，双腿分开与肩同宽或略宽于肩，腰背挺直，双臂伸直，自然垂于躯干两侧，双手各握一个哑铃，掌心相对。上肢肌肉发力，双臂弯举，并向上推举至双臂完全伸直垂直于地面。停留片刻，回到起始姿势，重复规定的次数。

腰背挺直

手臂伸直

训练目标
● 肩部力量

目标肌肉
● 三角肌

要点
● 在运动过程中保持腰背挺直

向上推举

推举时呼气

还原时吸气

▌哑铃－仰卧－双臂胸前推举

平躺在训练椅上，双脚分开，与肩同宽，双脚支撑于地面，小腿与地面垂直。两只手各持一个哑铃上举于胸部两侧，上臂垂直于躯干，掌心朝下肢方向。三角肌发力双臂向上推举，至双臂完全伸直与地面垂直。停留片刻，回到起始姿势，重复规定的次数。

双脚分开
与肩同宽

训练目标
- 胸部力量

目标肌肉
- 胸大肌、肱三头肌

要点
- 双脚始终与地面接触

推举时呼气

向上推举

还原时吸气

哑铃－仰卧－双臂单铃屈臂伸

仰卧于训练椅上，双脚分开，与肩同宽，双脚支撑于地面，小腿与地面垂直。双臂屈肘，双手持哑铃上举于头部上方，上臂平行于地面。肱三头肌发力，双臂伸直向上抬起至垂直于地面。停留片刻，回到起始姿势，重复规定次数。

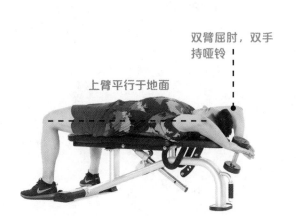

上臂平行于地面

双臂屈肘，双手持哑铃

> ### 训练目标
> - 手臂力量
>
> ### 目标肌肉
> - 肱三头肌、胸大肌
>
> ### 要点
> - 动作过程中保持核心收紧

伸直时呼气

向上抬起

还原时吸气

▌哑铃-仰卧-飞鸟

平躺在训练椅上，双脚分开，双脚支撑于地面，两只手各持一个哑铃外展于身体两侧，前臂与上臂夹角略大于90°，掌心相对。胸大肌发力双臂内收向上举，至双臂与地面垂直。停留片刻，回到起始姿势，重复规定的次数。

大腿平行于地面

训练目标
• 胸部力量

目标肌肉
• 胸大肌

要点
• 做"飞鸟"动作时不要锁死肘关节
• 双脚始终与地面接触

抬起时呼气

向上推举

还原时吸气

哑铃－仰卧－反向卷腹

平躺在垫上，双腿屈膝，双膝间放置一个哑铃并夹紧，全脚掌撑垫。双臂外展，掌心贴着垫面。核心收紧，双腿抬起向腹部方向移动至大腿垂直于垫面。停留片刻，回到起始姿势，重复规定的次数。

训练目标
- 腹部力量

目标肌肉
- 腹直肌

要点
- 双腿全程夹紧哑铃

抬起时呼气

双腿抬起

上身保持不动

还原时吸气

壶铃

壶铃可以理解为有握柄的铁球，男女通用，适用于多种训练，也适合所有健身水平的人使用。壶铃的主要训练动作包括拿、挂、摇摆、推。壶铃训练可以增强力量和心肺功能，同时提升平衡性、协调性、灵活性，有助于脂肪燃烧，提升核心力量，强化肌肉线条。

壶铃起源于俄罗斯。这些年来，壶铃的设计没有太大的变化——铁球上配有厚握柄。壶铃并不像哑铃那样重量分布均匀，因此更需要使用者稳定身体以保持训练时身体的平衡。壶铃有不同重量规格可供选择，健身者可根据自身的力量水平以及训练目标选择不同的重量。

功能

利用壶铃训练能提高身体的整体素质和综合力量，在一些训练动作中比哑铃更方便握持。

全面有效的训练工具

经常进行壶铃训练或类似训练的人，可以大大降低摔倒的风险。动态平衡能力越好，越有利于发挥优秀的运动技术水平。

总而言之，壶铃是一个非常传统、历史悠久的训练工具，它能全面、极大地提高身体素质，增强综合能力，是一个非常全面和有效的训练工具。

▌壶铃－挺举－单臂（壶铃单臂挺举）

双脚分开略比肩宽，单手紧握壶铃握柄，保持壶铃底部朝下，手臂自然下垂，将壶铃置于大腿前侧。保持挺胸抬头，缓慢屈髋屈膝下蹲至大腿与地面成45度角，同时将壶铃向上挺举超过头顶至手臂完全伸展并向后翻转壶铃，未持壶铃的手臂则向外侧伸展至与地面平行，之后下肢肌群协同发力，充分伸髋伸膝使身体向上站起，同时将壶铃推举过头顶至手臂完全伸展。回到起始姿势，重复规定的次数，对侧亦然。

训练目标
- 整体爆发力

目标肌肉
- 臀大肌、股四头肌、腘绳肌、核心肌群、斜方肌、三角肌、肩袖肌群

要点
- 在挺举的动作过程中，核心收紧，腰背挺直，肩关节保持稳定

挺举时呼气

还原时吸气

向上挺举

屈膝屈髋下蹲

▌壶铃–高翻–双臂（双臂高翻）

双脚开立，略宽于肩，脚尖与膝关节方向一致，核心收紧，腰背挺直。双手各持一个壶铃并紧握壶铃握柄，缓慢屈髋屈膝下蹲至大腿与地面大致平行，同时躯干向前微微倾斜，将壶铃置于双腿之间。下肢肌群协同发力，充分蹬地，快速伸髋伸膝，身体向上站起，双臂跟随身体向上提拉壶铃至髋部，之后双臂向上屈曲，将壶铃向侧面翻转并提拉至肩部，使壶铃底部朝向侧面，双手掌心相对，手指相触。回到起始姿势，重复规定的次数。

保持腰背挺直 - - -

训练目标

- 整体爆发力

目标肌肉

- 臀大肌、股四头肌、腘绳肌、腓肠肌、比目鱼肌、核心肌群、斜方肌、三角肌、肩袖肌群

要点

- 伸髋、蹬地时，速度要快
- 动作过程中核心收紧，腰背挺直
- 向上提拉壶铃时，速度要快，但肩关节始终保持稳定

下蹲准备时吸一口气，微微憋气

躯干向前微倾

屈髋屈膝下蹲

蹬伸、提拉后转为正常呼吸

快速伸髋伸膝

▌双壶铃–单腿行李箱硬拉

身体直立，双脚分开与肩同宽，双臂自然下垂，将两个壶铃分别置于两脚前侧地面上。单腿支撑身体重量，另一侧腿向后屈曲抬起，同时躯干向前倾斜，双臂下垂接触壶铃并紧握握柄。之后下肢肌肉发力，身体向上站起，手臂跟随身体向上提起壶铃至腿侧，后方腿收回且脚尖点地。回到起始姿势，重复规定次数，对侧亦然。

保持腰背挺直–

训练目标
- 腿部力量
- 身体平衡性

目标肌肉
- 臀大肌、股四头肌、腘绳肌、腓肠肌、比目鱼肌

要点
- 保持腰背挺直
- 下蹲时保持膝关节与脚尖同一方向

提起时呼气

躯干向前倾斜

双臂下垂
双手紧握壶铃

单腿支撑

还原时吸气

身体向上站起

█双壶铃－相扑深蹲

　　站姿，双脚开立大于肩宽，脚尖指向斜外侧，双手各持一个壶铃并紧握握柄，保持壶铃底部朝下，手臂自然下垂，将壶铃置于大腿前。保持挺胸抬头，屈髋屈膝身体向下，深蹲至大腿与地面大致平行。下肢肌肉发力，回到起始姿势，重复规定的次数。

腰背保持挺直 ---

训练目标
- 臀腿力量

目标肌肉
- 臀大肌、股四头肌、腘绳肌

要点
- 全程保持核心收紧，腰背挺直

蹲起时呼气

手臂自然下垂

屈膝屈髋深蹲

还原时吸气

卧推架

卧推架,即辅助完成卧推的器械,由卧推凳、杠铃、支撑架三部分组成,主要用于锻炼胸部和上肢肌肉。使用自由重量的杠铃平板卧推能比使用史密斯机多调动胸部和上肢的稳定肌,提高身体的稳定性。

功能

这款器械主要用来锻炼胸大肌、肱三头肌,以及三角肌前束(也就是肩部的前侧)等。这款器械男女都可以使用。同时,这款器械对于增强肩、肘、腕关节的稳定性也十分有效。

使用注意事项

使用卧推架的时候要注意呼吸的节奏,手臂向上推举时呼气,还原时吸气,切忌憋气,因为憋气容易使人缺氧,易产生晕眩、恶心、过早疲劳等现象,严重时甚至有生命危险。在进行大重量训练时,应有专人保护。

杠铃

支撑架

卧推凳

杠铃

　　杠铃是一款综合训练的器械，也是举重运动所用的器械，它由杠铃杆和杠铃片以及卡子组成。它的训练用途非常多，从胸部到背部再到臀部和腿部，能训练到不同的部位，是力量训练中不可或缺的一款器械。

功能

　　杠铃是一款抗阻训练器械。市面上有不同长度的杠铃杆，但经典款的杠铃杆大约长2米。在没有添加任何杠铃片前，健身房中常见的杠铃杆的重量为10千克和20千克。杠铃杆的承重也不尽相同，但是一根好的杠铃杆可以承受巨大的重量。

杠铃杆的区分

　　杠铃杆上凹凸不平的纹理可以让我们更容易握住它。杠铃杆是深蹲、过头推举和俯身划船的最佳选择。

　　粗细和形变能力是区分杠铃杆的两个要点。较粗的深蹲杠铃杆形变能力较弱，可以承载更重的杠铃片。杠铃杆中间拥有一些粗糙的区域——滚花，能够增加与手部的摩擦力，防止杠铃杆下滑。稍细一些的硬拉杠铃杆形变能力较强，能够加快杠铃杆离开地面的速度。

▌上斜卧推

仰卧于上斜卧推凳，双脚支撑于地面。双手正握杠铃杆于肩部正上方，手腕保持正位，不屈或伸。握距略比肩宽，然后上臂和胸部用力，向上推举至手臂伸直。屈肘下放杠铃杆至胸部上缘，回到起始姿势，重复规定的次数。

双手握紧杠铃杆

训练目标
- 胸部上缘力量

目标肌肉
- 胸大肌上部、肱三头肌

要点
- 卧推轨迹在胸部的正上方

向上推举

手臂伸直

手臂向上推举时呼气

还原时吸气

卧推

仰卧于卧推凳，双脚支撑于地面，背部紧贴凳面。双手正握杠铃杆于胸部正上方，手腕保持正位，不屈或伸。握距略比肩宽，然后上臂和胸部发力，向上推举至手臂伸直。屈肘下放杠铃杆至胸部，回到起始姿势，重复规定的次数。

正握

背部紧贴凳面

训练目标
- 胸部力量

目标肌肉
- 胸大肌、肱三头肌

要点
- 卧推轨迹在胸部的正上方

向上推举

手臂向上推举时呼气

还原时吸气

▍下斜卧推

　　仰卧于下斜卧推凳，双脚撑住卧推凳，背部紧贴凳面。双手正握杠铃杆于下胸部正上方，手腕保持正位，不屈或伸。握距略比肩宽，然后上臂和胸部发力，向上推举至手臂伸直。屈肘下放杠铃杆至下胸部，回到起始姿势，重复规定的次数。

背部紧贴凳面

训练目标
- 胸部下缘力量

目标肌肉
- 胸大肌下部、肱三头肌

要点
- 卧推轨迹在下胸部的正上方

向上推举

手臂伸直

手臂向上推举时呼气

还原时吸气

有氧器械的使用

有氧器械是健身房中使用频率最高的设备。在制订综合健身计划时，需要安排有氧训练和无氧训练。因此我们需要了解并掌握如何正确地使用健身房里的有氧器械，以达到自己的健身目的。

跑步机

跑步机是由宽阔的跑带、坚实的外框、扶手和电子控制台组成。经常跑步有利于增强心肺功能，对其他内脏器官功能也能产生积极影响。跑步机主要用来进行运动前的热身以及减脂，是健身房必配的硬件设备之一。

▌认识跑步机

跑步机的电子控制台通常具有不同的速度和坡度设定功能，能够计算并显示跑步时间和公里数。有些跑步机甚至还可以监测心率，计算热量消耗量，电子控制台可以与电视机、手机等连接。

因为跑步机置于室内，所以无论天气如何，都可以在跑步机上完成有氧训练；有缓冲垫的跑步机使双脚在落地时比在坚硬的道路上落地更轻松；坡度设定功能可以让锻炼者在"坡道"上跑步，以增加训练效果；而速度设定功能能够用于选择稳速前进或即时变换速度。

▌正确的跑步姿势

挺直腰背，保持上身成一条线，直视前方。

双肩放松，双臂自然微屈，呈半握拳状前后摆臂。跑累时，可以微微晃动肩膀进行放松。

脚落地姿势要正确。用脚心及脚跟落地，落地要轻而有弹性。然后快速向前滚动脚掌，用前脚掌蹬离地面。

跑步的时候不要回头。如果有人叫你，也要将机器暂停后再回头应答。

跑步的时候不要接电话。在跑步机上运动时，即使手机放在身上，来电话时也不要马上接听，避免注意力分散，造成安全隐患。

不要过多地使用扶手。跑步机的扶手是为保持身体平衡和运动安全而设计的，但是过多地依赖扶手会造成驼背，影响跑步姿态。

- - - 头正直

随着速度加快，摆臂幅度逐渐加大

躯干保持稳定，轻度前倾

随着速度加快，大腿后蹬速度和幅度加大

脚着地后膝关节适度下压缓冲

跑步训练计划

最佳的跑步训练计划应包含不同配速的训练，呈现出金字塔分布的形式。低速的轻松跑占比最大，速度快的冲刺跑及间歇跑则占比较小。

普通跑者的训练时间不同于专业的运动员，所以可在日常训练中通过加速来弥补训练量不足的缺点。但是这种高强度的训练方式更容易给身体增加负担，从而影响跑者的身体。

最佳的训练模式应该是80%的低强度训练和各10%的中强度训练、高强度训练。

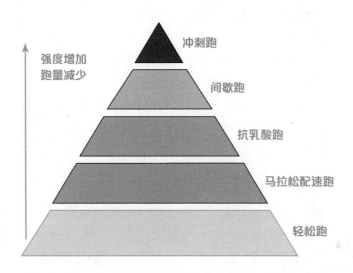

轻松跑

轻松跑可以增强心肌收缩力量，原因是：当心率达到最大心率的60%时，心脏就会达到最佳做功模式，不会产生因心率过快而使得心脏负荷加重的情况。因此，长期坚持轻松跑不仅能有效燃脂，还可以很好地调节紧张情绪，缓解焦虑和抑郁，是日常繁忙工作之后更为积极、主动的放松方式。

轻松跑是配速最慢的训练。跑步教练丹尼尔斯博士针对不同能力的跑者，制订了长距离慢跑（Long Slow Distance，LSD）配速参考标准，以便每位跑者找到适合自己的速度。不同水平跑者LSD训练参考配速如表7-1所示。

跑者在进行轻松跑训练时，在注意配速的同时也要注意心率情况。避免在目标配速下发生心率过高的情况。一般情况下，正常的轻松跑训练强度是将心率控制在最大心率的65%~78%，以心率为训练强度的标准。

表7-1 不同水平跑者LSD训练参考配速

5千米成绩	10千米成绩	半马成绩	全马成绩	LSD配速
≥30分钟	≥63分钟	≥2小时21分钟	≥4小时49分钟	7'27~8'14/千米
27分钟	56分钟	2小时04分钟	4小时16分钟	6'36~7'21/千米
24分钟	50分钟	1小时50分钟	3小时50分钟	5'56~6'38/千米
21分钟	43分钟	1小时36分钟	3小时21分钟	5'12~5'51/千米
19分钟	39分钟	1小时27分钟	3小时01分钟	4'43~5'19/千米

轻松跑在时间控制方面应当遵循以下原则。

初级跑者：训练时长控制在30分钟左右。

普通跑者：一次最长训练，时长控制在60分钟左右。

以半马为目标的跑者：一次最长训练，时长控制在2小时左右。

以全马为目标的跑者：一次最长训练，时长控制在2.5小时左右，但可根据跑者当时的身体状况进行调整。

运动频率控制在每周3次左右。

马拉松配速跑

大部分跑者都是职业人士，有自己的工作，难免因为忙碌导致训练不系统。如果贸然加大训练量，会超出跑者的身体承受极限，容易出现伤痛问题。采用如表7-2所示的计划进行训练，有助于跑者找到适合自己的马拉松训练节奏，增强信心。

每次的训练时间控制在40~110分钟，运动频率每周3~4次，训练量过大容易导致身体严重疲劳和长时间无法有效恢复，使身体处于过度劳累状态，达不到相应的目的。

心率控制在最大心率的78%~88%。当然，也可以采用配速来控制强度，在真正的马拉松配速区间进行训练。

在马拉松配速训练基础上，还应当适当进行轻松跑和抗乳酸跑训练，这样一方面不至于让身体过度疲劳，另一方面也能在赛前迅速提升耐力。

表7-2 不同水平跑者马拉松配速跑参考配速

5千米成绩	10千米成绩	半马成绩	全马成绩	马拉松配速跑配速
≥30分钟	≥63分钟	≥2小时21分钟	≥4小时49分钟	7'03/千米
27分钟	56分钟	2小时04分钟	4小时16分钟	6'10/千米
24分钟	50分钟	1小时50分钟	3小时50分钟	5'29/千米
21分钟	43分钟	1小时36分钟	3小时21分钟	4'46/千米
19分钟	39分钟	1小时27分钟	3小时01分钟	4'10/千米

抗乳酸跑

抗乳酸跑可以提升身体耐受乳酸和消除乳酸的能力。多数跑者会采用长距离慢跑（LSD）进行训练，主要以有氧供能为主，进一步提高配速后，因强度的提升，运动状态由有氧状态进入无氧状态，此时就会产生大量的乳酸。乳酸分解速度较慢，逐步堆积，进而导致身体很快出现疲劳。在某个运动强度下，跑者乳酸的生成速度会明显变快，此时为跑者的乳酸阈。乳酸阈所对应的运动强度就是乳酸阈强度。在该强度以下，身体进行的是低强度有氧运动，而在该强度以上，则进行的是高强度有氧运动。

一旦配速逐渐提升，乳酸的产生量大于清除量，乳酸不断堆积，身体就会很快进入疲劳状态。如果将配速正好保持在乳酸产生量与清除量相等的区间内，乳酸有产生但不会堆积，那么跑者将会以临界运动状态下的最快速度进行奔跑，而且能够避免身体因乳酸堆积而产生疲劳。经过一段时间训练，临界速度就会随之提升，有氧耐力的空间也会随之扩大，配速也会相应提升。

抗乳酸跑对绝大部分跑者来说都不太容易：其一是因为抗乳酸跑的确很累，因为此时体内乳酸会有一定程度堆积，你感觉跑得比较痛苦，所以也是对意志品质的极大考验；其二是因为抗乳酸跑的强度相对来说比较难以把控，跑得过快就会造成乳酸大量堆积，很快便会筋疲力尽，跑得过慢就处于有氧区间，达不到抗乳酸跑的效果，所以这就需要很好地控制速度。不同水平跑者抗乳酸跑参考配速如表7-3所示。

表7-3 不同水平跑者抗乳酸跑参考配速

5千米成绩	10千米成绩	半马成绩	全马成绩	抗乳酸跑配速
≥30分钟	≥63分钟	≥2小时21分钟	≥4小时49分钟	6'24/千米
27分钟	56分钟	2小时04分钟	4小时16分钟	5'40/千米
24分钟	50分钟	1小时50分钟	3小时50分钟	5'06/千米
21分钟	43分钟	1小时36分钟	3小时21分钟	4'29/千米
19分钟	39分钟	1小时27分钟	3小时01分钟	4'04/千米

进行抗乳酸跑时需要遵循以下原则。

每周频率保持在2~3次，一次抗乳酸跑的跑量不超过周跑量的10%。

如果按照预定的配速训练感觉十分疲劳、心率过高，可适当降低强度，以最大心率的89%~92%来设定强度。

一般需要累计奔跑20分钟。

训练和休息时间比为5:1。

间歇跑

间歇跑可以增强跑者的心肺功能，提升最大摄氧量。最大摄氧量是指当身体达到运动极限时所能摄取的最大氧气量,这个值越高,代表耐力越好。而想要提高最大摄氧量,就要尽可能在其所对应的强度下训练,才能更好地刺激心肺系统。

间歇跑可以提升跑步经济性,即以省力节能的方式跑步。研究表明,跑者采用间歇跑时跑步效率要比持续跑时的效率高出2%~3%。而提升跑步经济性还可以弥补跑者在身体素质方面的不足。

间歇跑可以提升机体抗乳酸能力。上一节中抗乳酸跑的原则的最后一条同样也适用于间歇跑。根据调查发现,长期进行间歇跑训练的跑者,其抗乳酸能力也会有明显的提升。

间歇跑训练的强度接近100%最大摄氧量对应的强度,几乎是在接近极限有氧强度下进行快速跑同时还需要将速度维持一段时间。当然,不同能力的跑者间歇跑所采用的配速也有区别。不同水平跑者间歇跑的参考配速如表7-4所示。

表7-4　不同水平跑者间歇跑的参考配速

5千米成绩	10千米成绩	半马成绩	全马成绩	间歇跑配速
≥30分钟	≥63分钟	≥2小时21分钟	≥4小时49分钟	2'22/400米
27分钟	56分钟	2小时04分钟	4小时16分钟	2'05/400米
24分钟	50分钟	1小时50分钟	3小时50分钟	1'52/400米
21分钟	43分钟	1小时36分钟	3小时21分钟	1'38/400米
19分钟	39分钟	1小时27分钟	3小时01分钟	1'30/400米

训练时采用间歇跑的原因之一是:快速奔跑会让身体在几分钟内疲劳,通过间歇让身体得到一定程度恢复,但是又不让身体百分之百恢复。如果间歇时间过短,身体还没有得到足够恢复就开始下一组,必然导致下一组跑步时掉速明显,疲惫不堪;而间歇时间过长,身体几乎完全恢复,那就不是间歇跑了。间歇的目的是保证每一组按照预定的配速顺利完成。进行间歇跑时需要遵循以下原则。

初级跑者不建议进行间歇跑训练,可在有4~6周的训练基础后再进行。

每一组的训练时间一般在2~5分钟。跑步能力较强的跑者(每千米配速能够轻松进入6分钟),每一组的训练时间在3~5分钟。初级跑者(每千米配速6分钟比较累)可以按照400米一组进行训练。

训练时间和间歇时间比为1:1。

心率应达到最大心率的95%~100%。如果心率达标,而配速尚低于目标配速,以心率为准。间歇时,要求心率恢复到最大心率的65%~79%,再开始下一组。

每次间歇跑的训练时间控制在20~30分钟,加上间歇时间,实际训练时间控制在40~60分钟。初级跑者可以将训练分为4~6组。

冲刺跑

冲刺跑就是采用冲刺的速度去跑。冲刺跑的强度比间歇跑的强度还要高，其强度是跑步训练中最高的。

冲刺跑可以很好地刺激神经肌肉，同时又能避免训练过程过于单调。在日常的跑步训练中，加入冲刺跑训练，可以提高大脑的灵活性，使神经反应更加敏捷、快速。

冲刺跑可以刺激无氧系统，锻炼心肺功能。一名优秀的跑者既需要有很好的有氧耐力素质，也需要有优秀的速度保持能力，即无氧运动能力。只有有氧运动和无氧运动结合，才能均衡发展人体心肺功能和耐力水平。

冲刺跑能提升跑者的最高速度，消除肌肉伸缩速度变慢产生的副作用。长期的慢跑运动会让身体中与氧化功能有密切关系的酶的活性升高，而与速度有关的酶的活性会降低。此时身体里用于快速奔跑的快肌纤维的调动将变得低效，这将对最快速度产生很大的影响。在平时的训练中，应及时训练肌肉快速伸缩。不同水平跑者冲刺跑的参考配速如表7-5所示。

表7-5　不同水平跑者冲刺跑的参考配速

5千米成绩	10千米成绩	半马成绩	全马成绩	冲刺跑配速
≥30分钟	≥63分钟	≥2小时21分钟	≥4小时49分钟	67秒/200米
27分钟	56分钟	2小时04分钟	4小时16分钟	58秒/200米
24分钟	50分钟	1小时50分钟	3小时50分钟	52秒/200米
21分钟	43分钟	1小时36分钟	3小时21分钟	45秒/200米
19分钟	39分钟	1小时27分钟	3小时01分钟	42秒/200米

冲刺跑训练原则如下。

一般情况下，冲刺跑不需要单独进行，在LSD训练尾声进行即可，冲刺跑的心率会达到甚至超过最大心率。

冲刺跑训练分为时间训练和距离训练两种。冲刺跑过程中体力不足的时候，可按照时间来计算；在能够完成冲刺跑训练的情况下，则可以按照表7-5中的配速要求进行冲刺。每组训练时间应控制在2分钟。

可重复多组，间歇休息4~6分钟再做下一组。

间歇时，可以停下来休息，也可以用慢跑或者快走代替。

划船机

划船机，也被称为室内划船机，其运动轨迹模仿了船上划桨的动作，曾是竞赛划船手的训练工具。它通常由坐垫、踏板、一个或多个握柄和能够提供阻力的装置组成。阻力可来源于风轮、活塞、磁铁或水。划船机有三种常见的机械布局：踏板和阻力装置被固定，而坐垫可活动；坐垫和踏板都可以在滑轨上移动；坐垫被固定，只有踏板可以前后移动。

完成20~30分钟的划船机运动可以锻炼心肺功能、燃烧脂肪。划船是低冲击的运动，虽然存在下背部损伤的隐患，但姿势正确就可以避免这一问题。划船机运动还能够锻炼到许多肌群，被认为是一种肌耐力训练。

认识划船机

划船机在使用过程中对身体的腰部、背部及手臂能起到一定的塑形作用，是一款非常不错的减脂塑形运动器械。

正确使用姿势

在开始之前，检查好阻力装置，建议从阻力最低值开始，根据自身状况，逐渐增大阻力。

收紧蹬踏带，双手握住握柄，然后依靠双腿力量进行推动，使身体向后移动，当双腿快伸直的时候，双肘贴近身体向后拉动握柄。

使用划船机时60%的力量用于双腿的推动，利用双脚发力进行推蹬动作，20%的力量用于臀部发力，还有20%的力量用于双臂拉动。

拉动过程中背部不要弯曲，肩部放松，脊柱保持中立状态。

收回时不要让臀部过于贴近脚跟部位，避免动作变形，不易于发力。

划船机训练计划

这是一个"9分钟划船机训练",属于短时间内的训练计划,能够在短时间内让心率飙升,不仅省时高效,还能让训练者受益良多。也可以将这个训练方法运用在固定自行车、跑步机、椭圆机或台阶器的训练中。

由于每个人的健身水平不一样,所以应该循序渐进,逐步增加难度。具体计划如下。

第一步	低强度划行 2 分钟
第二步	高强度划行 3 分钟 (80%~90% 最大心率)
第三步	低强度划行 2 分钟
第四步	高强度划行 1 分钟 (80%~90% 最大心率)
第五步	低强度划行 1 分钟

固定自行车

固定自行车运动是配合音乐和视觉效果的、充满活力的室内有氧运动，深受减脂人群的喜爱。固定自行车和普通的自行车本质上没多大区别，唯独不一样的就是固定自行车是固定器械，而且它的结构能够根据需求做出调整。固定自行车的车轮和普通自行车不一样的地方是它的车轮就是配重，可利用这个配重增加训练负荷。此外，固定自行车的电子刹车系统允许人们在训练很疲惫时随时暂停。

▌认识固定自行车

固定自行车又被称为动感单车。它配有车座、脚踏和把手———但没有真实的轮胎———可以带来出色的有氧训练效果。脚踏的阻力是可调节的，能够增加或减少训练的强度；有些型号的固定自行车还能允许反向骑行，以锻炼后群肌肉。固定自行车通常具有曲轴和可以通过皮带或链条使飞轮转动的轴承架。固定自行车模仿自行车的构造，而靠背式自行车则通过轮椅式的低座椅给下背部提供足够的支撑。

正确使用姿势

将座椅、扶手都调整到正确的高度后，双手轻松握住把手中央；以"踩、拖、拉"3种施力方式不断画圈踩踏；踩踏时要格外注意膝盖和脚尖指向正前方，切勿呈外八字形或内八字形。

躯干保持稳定

手部和背部自然弯曲

用前脚掌进行踩踏

固定自行车训练计划

本部分的固定自行车训练计划为高强度间歇训练（High Intensity Interval Training，HIIT）方案。开始计划前要先明确自己的最大心率，然后将HIIT加入有氧训练计划，坚持四周，避免连续两天进行HIIT。不同时长的固定自行车HIIT训练方案如表7-6~表7-13所示。

表7-6　30分钟固定自行车HIIT训练方案-训练1

指标	热身	冲刺	间歇时间	冷身
时间	10分钟	30秒	60秒	5分钟
最大心率	65%	75%	65%	65%
重复时间		15分钟		

表7-7　30分钟固定自行车HIIT训练方案-训练2

指标	热身	冲刺	间歇时间	冷身
时间	10分钟	30秒	90秒	5分钟
最大心率	65%	75%	65%	65%
重复时间		15分钟		

表7-8　35分钟固定自行车HIIT训练方案-训练1

指标	热身	冲刺	间歇时间	冷身
时间	10分钟	30秒	60秒	10分钟
最大心率	65%	80%	65%	65%
重复时间	15分钟			

表7-9　35分钟固定自行车HIIT训练方案-训练2

指标	热身	冲刺	间歇时间	冷身
时间	10分钟	30秒	90秒	10分钟
最大心率	65%	80%	65%	65%
重复时间	15分钟			

表7-10　40分钟固定自行车HIIT训练方案-训练1

指标	热身	冲刺	间歇时间	冷身
时间	10分钟	30秒	60秒	15分钟
最大心率	65%	85%	65%	65%
重复时间	15分钟			

表7-11　40分钟固定自行车HIIT训练方案-训练2

指标	热身	冲刺	间歇时间	冷身
时间	10分钟	30秒	90秒	15分钟
最大心率	65%	85%	65%	65%
重复时间	15分钟			

表7-12　45分钟固定自行车HIIT训练方案-训练1

指标	热身	冲刺	间歇时间	冷身
时间	10分钟	45秒	90秒	20分钟
最大心率	65%	85%	65%	65%
重复时间	15分钟			

表7-13　45分钟固定自行车HIIT训练方案-训练2

指标	热身	冲刺	间歇时间	冷身
时间	10分钟	45秒	120秒	20分钟
最大心率	65%	85%	65%	65%
重复时间	15分钟			

台阶器

台阶器也叫"登山机"。这种器械不仅可以增强心肺功能，还能对腿部塑形起到良好的作用。台阶器的主要优势在于能减缓膝关节受到的压力。台阶器既在一定程度上保持训练强度，又可以缓冲自身体重对关节造成的冲击力。因此，台阶器既适合年轻人，也适合骨关节退化的中老年人和超重、肥胖人群。

▌认识台阶器

台阶器出现在健身产业和公众视野中的时间相对较晚。

通过模仿上台阶的动作可以自然地增加心率——台阶器能够给你带来高效的有氧训练效果。它可以锻炼到许多大肌群，因此有助于增加肌肉力量，帮助身体塑形，提高基础代谢率，消耗热量，减轻体重。台阶器可以锻炼到整个下肢，包括臀部和腿部肌肉。它能够无限上升，从而避免了会损伤膝关节的下坡动作。

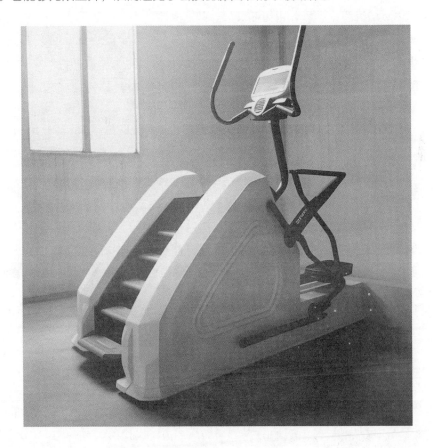

正确使用姿势

将手掌、指尖轻轻搭在正面或两侧的扶栏上，抓扶栏的力度不要过大，和用手握着纸杯差不多，不能超过这种力度。不要使腕关节反转抓握扶栏，在有需要的时候靠扶栏保持平衡。如果为了适应台阶器的节奏，不得不抓着扶栏不放，说明将器械的运动频率调得过高了。

腰背挺直，上半身自臀部起稍稍前倾，有助于防止膝关节不适和腰部过度弯曲。保持步伐连贯、平稳、有力。

双脚完全踩在踏板上。利用台阶器可以锻炼臀部肌肉，缓解小腿疲劳。

台阶器训练计划

将有氧训练和力量训练相结合，制订循环训练计划，让训练不乏味。典型的做法是每个动作做10~25次，或是做0.5~3分钟，再进行下一个动作。

可以用舒适的节奏训练，也可以增加次数或强度。不论是想追求运动表现，还是仅仅只想简单地做综合训练，循环训练都是能锻炼多个肌群的有效途径。循环训练包括能够提升灵活度的练习，如拉伸；包括能够提升有氧水平的运动，如跑步、跳绳；还包括利于提升力量的抗阻训练。

本部分的训练主要锻炼肱三头肌和腿部肌肉，可以自行替换训练安排中的动作。表7-14为循环训练示例，训练结束后记得完成5~10分钟的拉伸。

表7-14　循环训练示例

阶段	动作	时间/次数	备注
有氧	台阶器运动	10分钟	前3分钟选择较低阻力，后7分钟逐渐增加阻力
循环训练1（循环3组，组间休息1分钟）	上斜哑铃卧推	20次	使用有挑战但可控的重量
	反向弓箭步	20次/边	动作不要过于缓慢，别让膝关节触地，否则会对膝关节产生过大的压力
	训练椅仰卧撑	20~30次	可以将双脚放在前侧的训练椅上，将这个动作变为更有挑战的版本
有氧	台阶器运动	10分钟	使用中等阻力进行运动
循环训练2（循环3组，组间休息1分钟）	哑铃飞鸟	20次	使用有挑战但可控的重量
	立卧撑跳	15次	想要更多挑战？在动作底端加一个俯卧撑，并在向上时跳起
	颈后哑铃臂屈伸	30次	每边分别做10次，再一起做10次

阶段	动作	时间/次数	备注
有氧	台阶器运动	10分钟	前3分钟以中等阻力进行运动，然后用较低阻力进行快速运动30秒，恢复中等阻力、中等速度30秒，从此完成剩下的7分钟
循环训练3（循环1组，组间休息1分钟）	传统卷腹	30次	增加平衡球、波速球或坡度以提升强度
	反向卷腹	30次	增加平衡球、波速球或坡度以提升强度
	肘支撑	保持0.5~1分钟	动作全程控制腿部动作，不要迅速落双腿至初始位置，只要肘与肩保持在同一条直线上，小臂可以放在任何让你觉得舒适的位置
拉伸	请参考第8章的拉伸动作	5~10分钟	让身体的感受引领拉伸幅度，但要保证做全关节范围的拉伸

椭圆机

椭圆机将手臂运动与腿部运动相结合，以达到协调四肢、塑造形体的目的，其踏板的运动利于心肺功能训练，运动量不算太大，适合不同年龄阶段的人群。

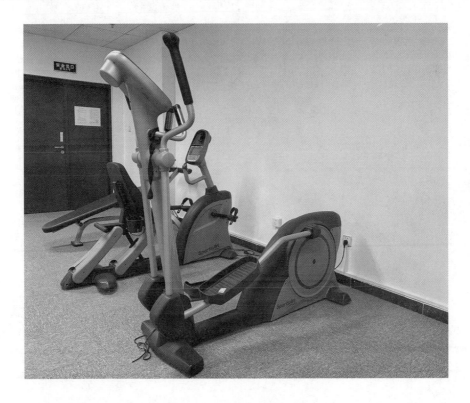

▊认识椭圆机

椭圆机训练已经成为想要做有氧运动而又不想给关节施加过大压力的人群的必选项目。椭圆机的运动轨迹模仿了爬台阶、跑步和走路的动作。简单模式的椭圆机需要自行驱动，而高级版本的椭圆机则配有提供阻力的电动踏板和读数电控板。椭圆机可根据发动机的位置或动力分为三种：后轮传动是最老的设计，前轮传动是第二代设计，中枢驱动则应用了先进的技术。

在使用椭圆机时，双脚踩在令人舒适的位置，脊柱保持自然状态（背部平直），膝关节、髋关节、脚踝处于一条直线上，将身体重心落在双脚上。双手握住握柄，均匀、有控制地运动双脚，保持向前或向后迈步，顺畅且连续地运动。

▊正确使用姿势

身体挺立，抬头挺胸收腹，不要耸肩。脚不离开踏板，身体重心落于脚心。使用时，双手握住握柄，臀部收紧。

▌椭圆机训练计划

间歇训练是最省时的训练，可以带来有氧运动功效，同时能改变身材。它将高强度爆发式的训练和慢速恢复训练两者相结合。利用椭圆机可通过不同速度、坡度、方向等的设置，完成间歇训练。不需要变换运动设备，只需要调整运动安排，它还能够让一成不变的无聊运动变得有趣。

现今，大多数的有氧器械都有间歇训练模式，你不需要再动脑思考训练安排。利用椭圆机进行间歇训练时，将训练模式设置为"间歇训练"，根据机器设定的强度运动10~15分钟。在进行到一半时，改变运动方向，向后迈步。

拉伸放松

泡沫轴放松

▌上肢

泡沫轴 – 俯卧 – 单侧肱二头肌放松

将泡沫轴置于垫上，身体伸展呈俯卧姿势，头部略微抬起，保持胸部以下位置接触垫子，一侧手臂向外伸展，使肱二头肌压于泡沫轴上，另一侧手臂向前屈曲，用手掌支撑身体。身体左右移动，使泡沫轴在肱二头肌处滚动。回到起始姿势，重复规定的次数，对侧亦然。

身体伸展呈俯卧姿势

> **训练目标**
> - 手臂柔韧性
> - 放松肱二头肌
>
> **目标肌肉**
> - 肱二头肌
>
> **要点**
> - 一侧手臂支撑身体，身体左右移动带动泡沫轴滚动

一侧手臂向外伸展

回到起始姿势

泡沫轴－侧卧－单侧肱三头肌放松

将泡沫轴置于垫上，侧卧，侧卧面手臂屈曲，用手掌扶住头部，使上臂后侧压于泡沫轴上，另一侧手臂向前屈曲，用手掌支撑身体，侧卧面腿部伸展，另一侧腿部屈曲，置于后侧，用脚支撑身体。身体左右移动，使泡沫轴在肱三头肌处滚动。回到起始姿势，重复规定的次数，对侧亦然。

身体侧卧，保持躯干挺直

全程保持均匀呼吸

训练目标
- 手臂柔韧性
- 放松肱三头肌

目标肌肉
- 肱三头肌

要点
- 一侧手臂支撑身体，身体前后移动带动泡沫轴滚动

在肱三头肌处滚动

回到起始姿势

泡沫轴－前臂屈肌放松

　　将泡沫轴置于与膝关节等高的跳箱或其他物体之上，身体呈跪坐姿势，躯干向前倾斜，一侧手臂伸展且腕关节压于泡沫轴上，另一侧手臂向内屈曲置于跳箱或其他物体之上，用前臂支撑身体。身体前后移动，带动手臂前后移动，使泡沫轴在前臂屈肌处滚动。回到起始姿势，重复规定的次数，对侧亦然。

身体呈跪坐姿势

躯干向前倾斜　　　　手臂伸直

训练目标
- 放松前臂屈肌

目标肌肉
- 前臂屈肌

要点
- 核心收紧，保持躯干稳定
- 身体带动手臂滚动泡沫轴

向前滚动

回到起始姿势

▎肩颈部

泡沫轴－仰卧－肩胛放松

　　将泡沫轴置于垫上，仰卧，双臂向外伸展，脊柱压于泡沫轴上，双膝屈曲，双脚支撑身体。身体左右移动，使泡沫轴在脊柱两侧的肩胛骨之间滚动。回到起始姿势，重复规定的次数。

双臂向外伸展

脊柱压于泡沫轴上

> **训练目标**
> ● 放松肩胛骨周围肌群
>
> **目标肌肉**
> ● 菱形肌、斜方肌
>
> **要点**
> ● 双脚支撑不动，核心收紧，身体在泡沫轴上左右缓慢移动

向右移动

向左移动

泡沫轴－仰卧－颈部放松

将泡沫轴置于垫上，身体伸展呈仰卧姿势，双臂伸展于体侧，后脑压于泡沫轴上。头部向一侧转动约45度，回到起始姿势，再向另一侧转动约45度，回到起始姿势，重复规定的次数。

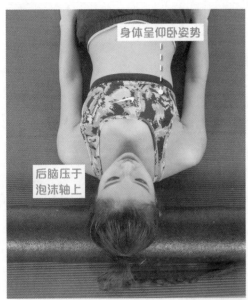

身体呈仰卧姿势

后脑压于泡沫轴上

训练目标
- 放松颈后肌群

目标肌肉
- 颈后肌群

要点
- 后脑压在泡沫轴上，缓慢向左转头，然后缓慢向右转头

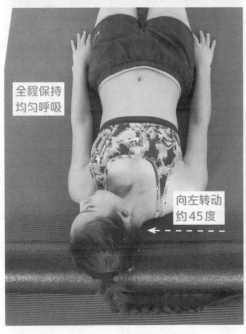

全程保持均匀呼吸

向左转动约45度

向右转动约45度

▌背部

泡沫轴－胸椎旋转

　　将泡沫轴置于垫上，侧卧，双臂向前方伸展，双手交叠，下侧腿部伸展，上侧腿部屈曲，压于泡沫轴上。躯干向后转动约45度，上侧手臂随之向后伸展至与地面成90度，之后躯干继续向后转动约45度，使上侧手臂接触地面。回到起始姿势，重复规定的次数，对侧亦然。

> **训练目标**
> - 胸椎活动度
>
> **目标肌肉**
> - 胸大肌、腹内斜肌、腹外斜肌
>
> **要点**
> - 躯干转动时，上侧腿部保持压在泡沫轴上不动

上侧腿屈曲压在
泡沫轴上

手臂伸展至与
地面成90度

手臂伸展成
一条直线

泡沫轴－侧卧－单侧背阔肌放松

　　将泡沫轴置于垫上，身体呈侧卧姿势，侧卧面手臂向侧面伸展，使肩关节内侧压于泡沫轴上，另一侧手臂向前屈曲，用手掌支撑身体，侧卧面腿部伸展，另一侧腿部屈曲，置于前侧，用脚支撑身体。身体向前转动约45度，回到起始姿势，再向后转动约45度按压背阔肌，回到起始姿势，重复规定的次数，对侧亦然。

训练目标
- 背部柔韧性
- 放松背阔肌

目标肌肉
- 背阔肌

要点
- 单脚蹬地带动身体来回滚动，使泡沫轴在下腰背部一侧和腋窝之间来回滚动

向前转动约45度

向后转动约45度

泡沫轴－仰卧－上背部放松

将泡沫轴置于垫上，仰卧，双手扶在脑后，上背部压于泡沫轴上，双膝屈曲，双脚支撑身体。髋部略微抬起，让上背部在泡沫轴上来回滚动。重复规定的次数。

双手扶在脑后

背部压在泡沫轴上

训练目标
- 放松上背部

目标肌肉
- 斜方肌、菱形肌

要点
- 双脚稳定支撑，伸髋伸膝带动身体前后滚动泡沫轴
- 注意，上背部压在泡沫轴上

全程保持均匀呼吸

向后移动

回到起始姿势

泡沫轴－仰卧－下背部放松

　　将泡沫轴置于垫上，仰卧，双臂屈曲，双手扶在太阳穴处，下背部压于泡沫轴上，上半身转向一侧，双膝屈曲，双脚支撑身体。髋部略微抬起，身体前后移动，使泡沫轴在下背部滚动。回到起始姿势，重复规定的次数。

双膝屈曲

双手扶在太阳穴处

双脚支撑身体

训练目标
- 放松下背部

目标肌肉
- 背阔肌、竖脊肌、腰方肌

要点
- 双脚稳定支撑，伸髋伸膝带动身体前后滚动泡沫轴
- 注意，下背部压在泡沫轴上

全程保持均匀呼吸

向后移动

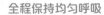

回到起始姿势

腰腹核心

泡沫轴－侧卧－90度拉伸

将泡沫轴置于垫上，侧卧，双臂向前方伸展，双手交叠，下侧腿部伸展，上侧腿部屈曲，压于泡沫轴上。身体向后转动约45度，上侧手臂随之向后伸展至与地面成90度，保持这个90度的手臂角度，身体继续向后转动约45度，使原上侧手臂接触地面，下侧手臂垂直于地面，双手仍保持90度。回到起始姿势，重复规定的次数，对侧亦然。

训练目标
- 腰腹灵活性、柔韧性

目标肌肉
- 腹外斜肌、腹内斜肌、肩关节周围肌群

要点
- 90度屈髋屈膝，右臂向上伸展至与地面垂直，左臂水平置于垫上，左臂向上伸展至与地面垂直，右臂水平置于垫上

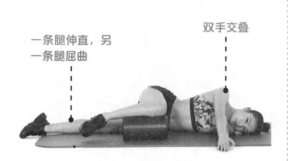

一条腿伸直，另一条腿屈曲

双手交叠

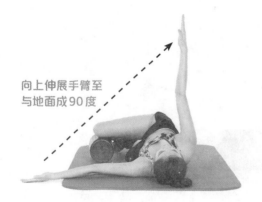

向上伸展手臂至与地面成90度

向后转身，原下侧手臂与地面成90度

泡沫轴－侧卧－单侧腰部周围放松

　　将泡沫轴置于垫上，身体呈侧卧姿势，腰部压于泡沫轴上，侧卧面手臂屈曲，用前臂支撑身体，另一只手扶于泡沫轴上，侧卧面腿部伸展，另一侧腿部屈曲，置于前侧，用脚支撑身体。扶于泡沫轴上的手臂向头顶伸展至最大限度，使泡沫轴对腰部的压力增大。回到起始姿势，重复规定的次数，对侧亦然。注意，腰背疾患者慎用此动作。

> ### 训练目标
> - 腰部柔韧性、灵活性
>
> ### 目标肌肉
> - 腹内斜肌、腹外斜肌
>
> ### 要点
> - 一侧手臂支撑，另一侧手臂向头顶伸展至最大限度，泡沫轴在腰部来回滚动

腰部压在泡沫轴上

向上伸展手臂

回到起始姿势

169

泡沫轴 – 仰卧 – 骶骨放松

将泡沫轴置于垫上，仰卧，双臂向外伸展，骶骨压于泡沫轴上，双腿屈曲，脚尖点地支撑身体。躯干保持不动，双腿向上屈髋，使小腿抬起至与地面平行。回到起始姿势，重复规定的次数。注意，腰背疾患者慎用此动作。

骶骨压在泡沫轴上

双臂向外伸展

训练目标
- 放松下腰部
- 下腰部柔韧性、灵活性

目标肌肉
- 竖脊肌

要点
- 将泡沫轴压在骶骨处，缓慢屈髋、缓慢伸髋，使骶骨在泡沫轴上前后移动，同时躯干保持稳定

双腿向上屈髋

回到起始姿势

下肢

泡沫轴 – 仰卧 – 单侧臀肌放松

将泡沫轴置于垫上，仰卧，双臂向后支撑身体，一侧腿部伸展，单侧臀肌压于泡沫轴上，另一侧腿部屈曲，将踝关节置于伸展腿的膝关节处。身体前后移动，使泡沫轴在臀肌处滚动。回到起始姿势，重复规定的次数，对侧亦然。

臀肌压在泡沫轴上

训练目标
- 放松臀部肌群
- 臀部柔韧性

目标肌肉
- 臀大肌、臀中肌

要点
- 手臂撑地辅助发力，身体整体移动

在臀肌处滚动

回到起始姿势

泡沫轴－侧卧－单侧髂胫束放松

　　将泡沫轴置于垫上，身体呈侧卧姿势，双臂向侧卧面伸展支撑身体，同侧腿部伸展，使该侧腿的髂胫束压于泡沫轴上，另一侧腿部屈曲，置于压泡沫轴腿前侧，用脚支撑身体。身体前后移动，使泡沫轴在髂胫束处滚动，回到起始姿势，重复规定的次数，对侧亦然。

训练目标
- 放松髂胫束
- 髂胫束柔韧性

目标肌肉
- 髂胫束

要点
- 双手撑地，保持平衡，前后滚动泡沫轴，放松膝关节至髋部侧面区域

髂胫束压在泡沫轴上

身体前后移动

回到起始姿势

泡沫轴－仰卧－单侧小腿放松

将泡沫轴置于垫上，身体呈仰卧姿势，双臂向后伸展支撑身体，双腿伸直，一侧小腿压于泡沫轴上，另一侧小腿叠放其上。身体前后移动，使泡沫轴在小腿处滚动。回到起始姿势，重复规定的次数，对侧亦然。

训练目标
- 放松小腿后侧肌肉
- 小腿后侧柔韧性

目标肌肉
- 腓肠肌、比目鱼肌

要点
- 双腿叠放
- 臀部上抬，离开垫子
- 前后滚动泡沫轴

一侧小腿压在泡沫轴上

双臂向后伸展支撑身体

前后移动

回到起始姿势

173

泡沫轴－俯卧－单侧大腿内侧放松

　　将泡沫轴置于垫上，身体伸展呈俯卧姿势，双臂向前屈曲，双手交叠支撑于下巴处，一侧腿部向外屈曲，使大腿内侧压于泡沫轴上。腿部左右移动，使泡沫轴在大腿内侧滚动，回到起始姿势，重复规定的次数，对侧亦然。

一侧腿部向外屈曲压
在泡沫轴上

训练目标

- 放松大腿内侧肌群
- 大腿内侧柔韧性

目标肌肉

- 大腿内侧肌群

要点

- 压于泡沫轴腿侧髋关节外旋，放松膝关节至腹股沟区域，左右滚动泡沫轴

向左移动

向右移动

泡沫轴－俯卧－单侧股四头肌放松

将泡沫轴置于垫上，身体呈俯卧姿势，双臂向前伸展，用前臂支撑身体，双腿伸展，一侧股四头肌压于泡沫轴上，另一侧小腿叠放其上。身体前后移动，使泡沫轴在股四头肌处滚动。回到起始姿势，重复规定的次数，对侧亦然。

训练目标
- 放松股四头肌

目标肌肉
- 股四头肌

要点
- 双腿叠放，双臂辅助发力，移动躯干，躯干保持平衡，核心收紧，躯干向前、向后移动带动整个身体，大腿前侧在泡沫轴上滚动

一侧股四头肌压在泡沫轴上

向前移动

向后移动

泡沫轴－俯卧－胫骨前肌放松

将泡沫轴置于垫上，俯卧，双臂伸展支撑身体，双腿屈曲呈跪姿，一侧腿膝关节压于泡沫轴上，另一侧小腿叠放其上。身体前后移动，使泡沫轴在胫骨前肌处滚动。回到起始姿势，重复规定的次数，对侧亦然。

一侧腿膝关节压在泡沫轴上

双臂伸展支撑身体

训练目标
- 放松胫骨前肌
- 小腿前侧柔韧性

目标肌肉
- 胫骨前肌、趾长伸肌、踇长伸肌

要点
- 核心收紧，保持躯干稳定，躯干平行于地面，躯干带动身体滚动泡沫轴

向前移动

向后移动

泡沫轴 – 仰卧 – 单侧腘绳肌放松

　　将泡沫轴置于垫上，仰卧，双臂向后伸展支撑身体，一侧腿部伸展，腘绳肌压于泡沫轴上，另一侧腿部屈曲，将踝关节置于压泡沫轴腿的膝关节处。身体前后移动，使泡沫轴在腘绳肌处滚动。回到起始姿势，重复规定的次数，对侧亦然。

腘绳肌压在泡沫轴上

> **训练目标**
> * 放松腘绳肌
> * 大腿后侧柔韧性
>
> **目标肌肉**
> * 腘绳肌
>
> **要点**
> * 臀部上抬，离开垫子，放松臀部至膝关节区域，前后滚动泡沫轴

向后移动

向前移动

泡沫轴－坐姿－足底放松

将泡沫轴置于垫上，身体坐于与膝关节等高的跳箱或其他物体之上，挺胸抬头，双臂屈曲，双手扶于大腿之上，双腿屈曲，双脚脚尖压于泡沫轴上。双腿前后移动，使泡沫轴在足底滚动，带动踝关节进行屈伸训练。回到起始姿势，重复规定的次数。

双腿屈曲

背部保持挺直

训练目标
- 放松足底

目标肌肉
- 足底肌群

要点
- 大腿带动小腿，将泡沫轴从脚尖滚到脚跟

向前伸直腿部

向后屈曲腿部

前后来回滚动

泡沫轴-坐姿-足侧放松

将泡沫轴置于垫上，身体坐于与膝关节等高的跳箱或其他物体之上，挺胸抬头，一侧脚部置于垫上，膝关节屈曲成90度，另一侧腿部屈曲，使该侧脚尖压于泡沫轴上。足心朝内，腿部前后屈伸，使泡沫轴在足外侧滚动。回到起始姿势，重复规定的次数，对侧亦然。

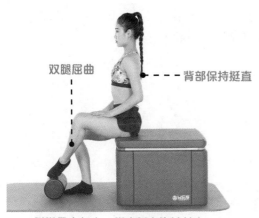

双腿屈曲

背部保持挺直

一侧脚足心朝内，脚尖踩在泡沫轴上

训练目标
- 放松足外侧

目标肌肉
- 足外侧肌群

要点
- 大腿带动小腿，将泡沫轴从脚尖外侧滚到脚跟外侧

向前移动

向后移动

徒手拉伸

█全身拉伸

最伟大拉伸

俯卧撑姿势，双手、双脚撑地，核心收紧，腰背挺直，双臂伸直垂直于地面。一侧腿屈髋屈膝，向前至同侧手的附近。同侧手屈肘，用力向下伸展，至最大限度后，顺势向外转体，同时将手向上伸直垂直于地面。左右两侧交替进行，重复规定的次数。

腰背保持挺直　一侧腿屈髋屈膝

一侧腿伸直

训练目标
- 整体柔韧性、灵活性、稳定性

目标肌肉
- 全身肌肉

要点
- 全程核心收紧

向下伸展

将手向上伸直

身体向外转体

全身舒展

　　双脚分开平行站立，与肩同宽，脚尖略向外，双腿伸直，臀部收紧，挺胸抬头，目视前方，下颌收紧，双臂自然下垂位于大腿两侧。身体向下屈髋俯身，核心收紧，腰背挺直，双臂自然下垂，在腿前完成交叉动作。伸髋起身，身体直立，双手伸直，由两侧伸展至头顶，在头顶上方做交叉动作。重复规定的次数。

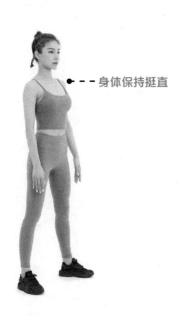

身体保持挺直

训练目标
● 整体柔韧性

目标肌肉
● 全身肌肉

要点
● 体会手臂与身体的协调同步摆动
● 注意屈髋要达到90度并保持膝关节伸直

双臂在头顶交叉

身体向下屈髋俯身

双臂交叉

伸髋起身

俯身－慢速跨步登山

俯身支撑于垫上，躯干保持挺直，双臂伸直置于肩关节正下方，双脚并拢，脚尖着地。身体成一条直线，腹部收紧。一侧腿迈向同侧手臂旁边，然后回到支撑状态，换另一侧腿，重复规定的次数。

训练目标
- 臀腿柔韧性
- 上肢稳定性

目标肌肉
- 臀大肌、腘绳肌、髂腰肌、大收肌、短收肌、长收肌、股薄肌

要点
- 拉伸过程中躯干保持挺直
- 腿迈向同侧手臂旁

身体成一条直线

双臂伸直支撑身体

屈膝屈髋，腿迈向同侧手臂旁边

对侧重复相同动作

▌手臂拉伸

肱二头肌拉伸

双脚分开平行站立，与肩同宽，双腿伸直，臀部收紧，挺胸抬头，目视前方，下颌收紧，双臂自然下垂。双臂侧平举，同时手臂内旋至拇指朝下，水平向后伸展至最大限度。回到侧平举姿势，重复规定的次数。

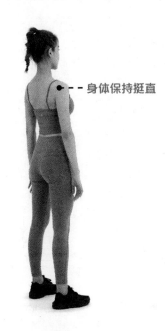

身体保持挺直

训练目标
- 手臂柔韧性

目标肌肉
- 肱二头肌

要点
- 注意手臂伸直水平向后伸展
- 重点体会肱二头肌的拉伸感

双臂侧平举

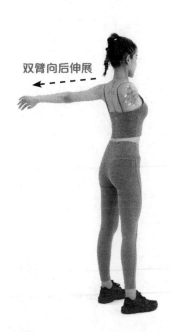

双臂向后伸展

肱三头肌拉伸

双脚分开平行站立，与肩同宽，双腿伸直，臀部收紧，挺胸抬头，目视前方，下颌收紧，双臂自然下垂。一侧手臂外展屈臂，从头部上方放置于脑后，五指分开贴紧身体，同时另一侧手按在被拉伸手的肘关节处，向对侧辅助发力。保持规定的时间，两侧手臂交替进行拉伸，重复规定的次数。

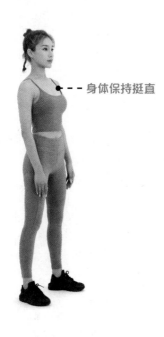

- - - 身体保持挺直

训练目标
- 手臂柔韧性

目标肌肉
- 肱三头肌

要点
- 重点体会肱三头肌的拉伸感

全程保持均匀呼吸

- - - 一侧手臂屈臂
放置于脑后

- - - 向后伸展至
最大限度

184

手腕伸肌拉伸

身体呈坐姿，后背挺直，大小腿屈曲成90度，小腿垂直于地面，双脚分开与肩同宽，脚尖朝前，两侧肩关节同时屈曲，一侧手臂伸直，另一侧手用力按压伸直手手背。保持规定的时间，回到起始姿势，重复规定的次数，对侧亦然。

- - - 背部保持挺直

训练目标
- 前臂柔韧性

目标肌肉
- 腕伸肌群

要点
- 动作过程中，整个身体保持不动，背部挺直

手臂伸直 - - - 　　- - - 另一侧手用力按压
伸直手手背

- - - 下肢保持不动

▌胸部拉伸

扩胸运动

双脚分开与肩同宽，脚尖朝前，双腿伸直，臀部收紧，挺胸抬头，目视前方，下颌收紧，双臂自然下垂。双手握拳屈肘，双臂水平向后伸展，至平行于地面。双臂先向前伸直然后向后侧平举，同时手臂整体向后伸展一次做扩胸运动，重复规定的次数。

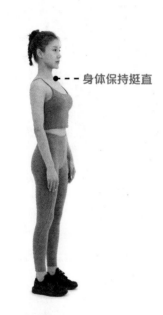

身体保持挺直

训练目标
- 胸部柔韧性

目标肌肉
- 胸大肌

要点
- 重点体会胸大肌是否有拉伸感

手臂抬起
向后伸展

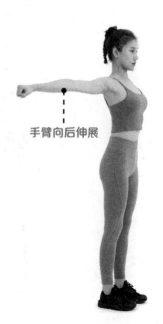

手臂向后伸展

双臂水平胸前移动

双脚分开平行站立，脚尖朝前，双腿伸直，臀部收紧，挺胸抬头，目视前方，下颌收紧，双臂自然下垂。双手握拳，手臂外旋，双臂侧平举，两掌心朝前。双臂同时内收，水平移动到胸前，垂直于身体。双手再同时外展至身体两侧，重复规定的次数。

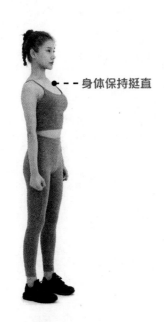

- - - 身体保持挺直

训练目标
- 胸部柔韧性
- 肩部灵活性

目标肌肉
- 胸大肌

要点
- 核心收紧，腰背挺直
- 双臂侧平举，水平移动到胸前

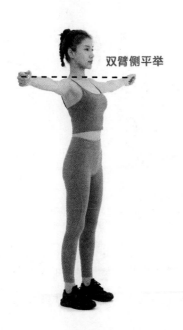

双臂侧平举

双臂水平移动至胸前

187

胸部拉伸

　　双脚开立与肩同宽，腰背挺直，双臂自然放在身体两侧。双手叉腰，拇指在身体前侧，其他四指伸直按在臀部，肘关节自然指向身体斜后方。肩关节向后展开，双臂肘关节渐渐靠拢，直至胸部前侧肌群有中等强度拉伸感，保持规定的时间，重复规定的次数。

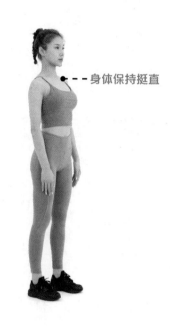

- - - 身体保持挺直

训练目标
- 胸部柔韧性
- 肩部灵活性

目标肌肉
- 胸大肌

要点
- 全程保持核心收紧，腰背挺直

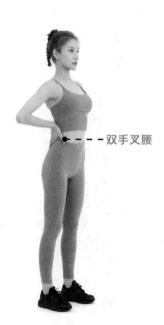

- - - 双手叉腰

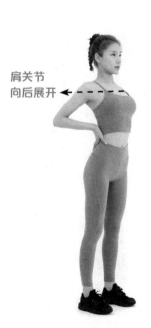

肩关节
向后展开 - - -

▌肩部拉伸

肩部画圈

双脚分开平行站立，脚尖朝前，双腿伸直，臀部收紧，挺胸抬头，目视前方，下颌收紧，双臂伸直自然下垂于身体两侧。两侧肩关节同时由下至上向前再向后转动，以肩关节为中心，缓慢画圈。重复规定的次数。

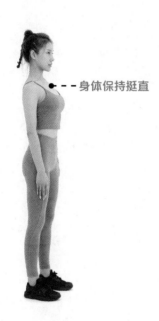

- - - 身体保持挺直

训练目标
- 肩部柔韧性、灵活性

目标肌肉
- 肩胛提肌、斜方肌、胸小肌

要点
- 重点体会肩关节的灵活转动

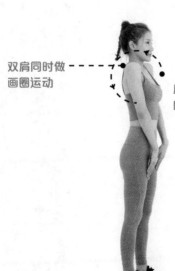

双肩同时做 - - -
画圈运动

肩关节由下至上
向前再向后转动

肩外展运动

　　双脚分开平行站立，脚尖朝前，双腿伸直，臀部收紧，挺胸抬头，目视前方，下颌收紧，双臂自然下垂。双臂伸直，在身前交叉，随后缓慢向两侧外展至头顶上方，再次交叉，重复规定的次数。

身体保持挺直

训练目标
- 肩部柔韧性

目标肌肉
- 三角肌、背阔肌

要点
- 手臂摆动的过程中，保持伸直的状态

双臂在身前交叉

双臂经侧平举直至头顶上方

肩前侧拉伸

身体呈坐姿，双手后伸在身体后方撑垫，指尖朝向后方，屈髋屈膝，大小腿折叠成90度，双脚分开与肩同宽，脚掌撑垫。躯干保持稳定，核心收紧，头部后仰，充分挺胸至最大限度。保持规定的时间，重复规定的次数。

训练目标
- 肩部柔韧性

目标肌肉
- 三角肌前束

要点
- 重点体会肩部的拉伸

屈髋屈膝

躯干保持挺直

头部后仰

身体保持不动

站姿－三角肌后束拉伸

　　双脚开立与肩同宽，腰背挺直，双臂自然放在身体两侧。一侧手臂伸直平行于地面，对侧手臂弯曲并用肘关节卡住伸直的手臂的前臂，然后屈臂侧前臂继续朝躯干方向用力，直至伸直的手臂肩部外侧肌群感受到中等强度的拉伸感，此过程中头部转向被拉伸手臂的对侧方向。保持规定的时间，两侧交替进行，重复规定的次数。

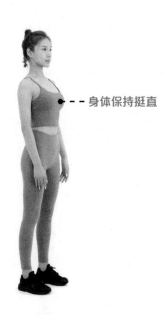

- - - 身体保持挺直

训练目标
- 肩部柔韧性

目标肌肉
- 三角肌后束

要点
- 全程保持核心收紧，腰背挺直

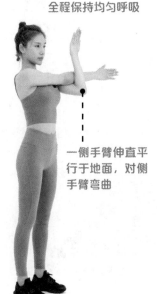

全程保持均匀呼吸

一侧手臂伸直平
行于地面，对侧
手臂弯曲

头部转向被拉伸
← - - - - - 手臂的对侧方向

斜方肌拉伸

坐于垫上，双腿屈髋屈膝自然放置，腰背挺直，双臂伸直放在身体两侧。一侧手掌放在该侧臀部下方压住，对侧手臂举过头顶并抱头。抱头的手将头部向该侧手臂方向斜下压，直至被拉伸侧颈部与肩部肌群有中等强度拉伸感，保持规定的时间。两侧交替进行，重复规定的次数。

腰背保持挺直

训练目标
- 颈部柔韧性

目标肌肉
- 斜方肌

要点
- 注意保持身体平衡

全程保持均匀呼吸

手抱住头部

臀部压住一侧手掌

将头部向该侧手臂方向斜下压

▍背部拉伸

上背部拉伸

双脚分开平行站立，脚尖朝前，双腿伸直，臀部收紧，挺胸抬头，目视前方，下颌收紧，双臂自然下垂位于大腿两侧。双手十指交叉相扣，双臂同时内旋，并伸直至身体的正前方，手臂垂直于躯干，掌心向外。用力向正前方伸展，两肩同时向前，肩胛骨前伸。重复规定的次数。

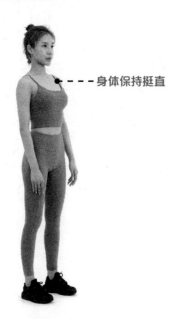

- - - - 身体保持挺直

训练目标
- 上背部柔韧性

目标肌肉
- 菱形肌、斜方肌

要点
- 保持核心收紧，腰背挺直
- 整个动作过程中躯干保持稳定
- 手臂伸直，向前伸展至最大限度，重点体会背部的拉伸感

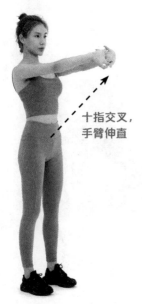

十指交叉，手臂伸直

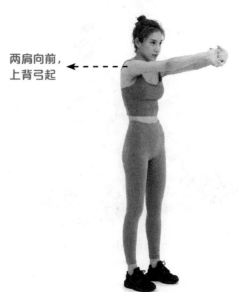

两肩向前，上背弓起 ← - - -

中背部拉伸

　　双脚开立与肩同宽，背部挺直，腹部收紧，双手叉腰。躯干保持挺直，并转向身体一侧，直至对侧背部及腰部肌群有中等强度拉伸感，然后转向对侧至对侧背部及腰部肌群有中等强度拉伸感。重复以上步骤至规定次数。

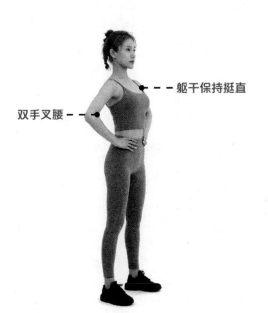

双手叉腰 - - -
躯干保持挺直 - - -

训练目标
- 上背部柔韧性

目标肌肉
- 背阔肌、腹内斜肌、腹外斜肌

要点
- 全程保持核心收紧，背部挺直
- 动作不宜过快，注意感受肌肉的拉伸感

全程保持均匀呼吸

向左转

向右转

下背部动态拉伸

　　平躺于垫上，屈髋屈膝，将大腿抬至与胸部接触，双手抱膝。核心收紧，腿部发力，身体向脚的方向滚动，然后再向头部方向滚动。重复规定的次数。

屈髋屈膝

平躺在垫上

训练目标
● 下背部柔韧性

目标肌肉
● 竖脊肌、腰方肌、菱形肌、斜方肌

要点
● 合理利用身体的惯性，重点体会下背部的拉伸感

全程保持均匀呼吸

抱住膝关节

向前滚动

腹部拉伸

腹部拉伸

俯身趴在垫子上，面部朝下，身体成一条直线，双脚自然分开，与肩同宽，双手放于肩关节两侧。手臂发力，撑起躯干，挺胸仰头至腹直肌有明显的拉伸感。保持规定的时间，重复规定的次数。

训练目标
- 腹部柔韧性

目标肌肉
- 腹直肌

要点
- 撑起躯干时尽量保证髋关节及下肢不要抬离垫面

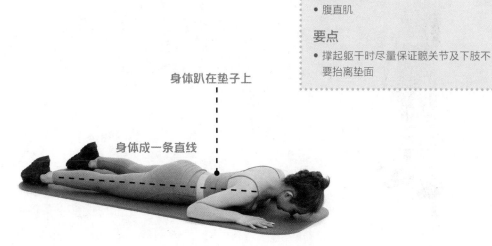

身体趴在垫子上

身体成一条直线

头部抬起

全程保持均匀呼吸

手臂发力撑起躯干

侧腹部拉伸

　　双脚分开平行站立，脚尖朝前，双腿伸直，臀部收紧，挺胸抬头，目视前方，下颌收紧，双臂自然下垂位于大腿两侧。双手伸直至头顶，两掌心相对，一侧腿内收向对侧平移一步，此时双脚平行、双腿贴紧，身体成一条直线。髋关节向后腿侧顶髋，伸展至最大限度，同时躯干向对侧伸展，至腹内斜肌、腹外斜肌和腰方肌有明显的拉伸感。回到起始姿势，两侧交替进行，重复规定的次数。

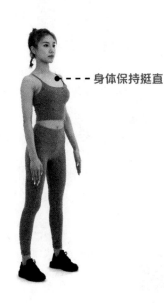

身体保持挺直 - - - →

训练目标
● 侧腹柔韧性

目标肌肉
● 腹内斜肌、腹外斜肌、腰方肌

要点
● 重点体会侧腹部和腰方肌的拉伸感

双手伸直至头顶

全程保持均匀呼吸

向侧面伸展
至最大限度

腹内斜肌、腹外斜肌拉伸

呈俯卧姿势趴在垫子上，双腿屈膝90度，双手侧平举，外展于身体两侧，双手掌心向下。躯干保持不动，髋关节带动下肢整体向一侧伸展至最大限度，此时躯干始终贴紧垫面，腹部两侧有明显拉伸感。回到起始姿势，两侧交替进行，重复规定的次数。

训练目标
- 腰腹部柔韧性

目标肌肉
- 腹内斜肌、腹外斜肌

要点
- 整个动作过程中，躯干始终贴紧垫面

身体呈俯卧姿势

小腿垂直于地面

躯干保持不动

全程保持均匀呼吸

弓步展体

　　双脚前后站立，呈弓步姿势，两脚尖朝前，前腿屈膝屈髋120度，后腿尽力伸直，脚尖撑地，挺胸抬头，目视前方，下颌收紧，双手交叠置于前腿膝关节上方。下肢保持不动，双臂同步向后伸展至最大限度，缓慢回到起始姿势。左右两侧交替进行，重复规定的次数。

身体保持挺直

训练目标
- 腹部柔韧性
- 腰部稳定性

目标肌肉
- 腹直肌、髂腰肌

要点
- 重点体会腹部的拉伸感

双臂向后伸展至最大限度

全程保持均匀呼吸

下肢保持不动

站姿－侧屈

双脚开立，与肩同宽或略宽于肩，腰背挺直，双手叉腰。一侧手臂伸直并举过头顶，然后该侧手臂和躯干一起向对侧做侧屈运动。两侧交替进行，重复规定的次数。

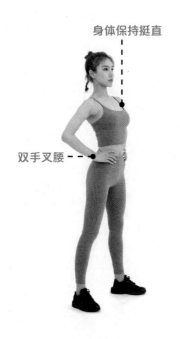

身体保持挺直

双手叉腰

训练目标
* 侧腹柔韧性

目标肌肉
* 腹内斜肌、腹外斜肌

要点
* 全程保持核心收紧，腰背挺直

全程保持均匀呼吸

手臂举过头
顶，向对侧
做侧屈运动

换至对侧重复相同动作

█臀部拉伸

臀部动态拉伸

　　双脚分开与肩同宽，双臂自然放于身体两侧。身体重心移到一侧腿上，对侧腿屈髋屈膝并用双手抱住该腿膝关节，双手将该腿向躯干用力拉，同时支撑腿跷脚尖，感受臀部的拉伸感，被拉伸腿落地。两侧交替进行，重复规定的次数。

身体保持挺直

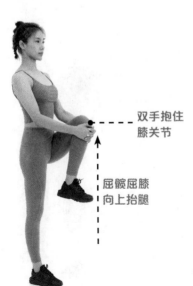

全程保持均
匀呼吸

双手抱住
膝关节

屈髋屈膝
向上抬腿

换至对侧重复
相同动作

臀部外侧动态拉伸

　　双脚分开与肩同宽，双臂自然放于身体两侧。身体重心移到一侧腿上，对侧腿屈髋屈膝，双手分别抓住该腿膝、踝关节。双手将腿向该侧肩膀方向用力拉伸，直至该侧臀部外侧肌群有中等强度的拉伸感。两侧交替进行，重复规定的次数。

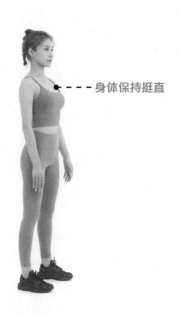

身体保持挺直

训练目标
- 臀部柔韧性

目标肌肉
- 臀大肌、臀中肌、臀小肌

要点
- 身体保持直立，不要将腹部向前挺

双手分别抓住
膝、踝关节

全程保持均匀呼吸

向肩膀方向拉伸

4字 - 臀部拉伸

　　双脚分开与肩同宽，双臂自然放于身体两侧。一侧脚支撑于地面，另一侧腿髋关节旋外，同时屈髋屈膝，双手分别抓住膝、踝关节，屈髋屈膝下蹲至另一侧臀部有拉伸感。两侧交替进行，重复规定的次数。

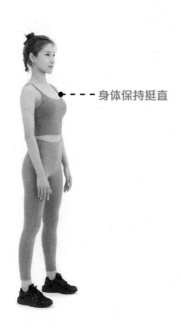

身体保持挺直

训练目标
- 臀部柔韧性

目标肌肉
- 臀中肌、梨状肌、臀大肌

要点
- 拉伸时保持躯干挺直，同时支撑腿稳定支撑于地面

下蹲至臀部有拉伸感

双手分别抓住膝、踝关节

全程保持均匀呼吸

换至对侧重复相同动作

梨状肌拉伸

身体呈仰卧姿势平躺于垫子上，将一侧脚脚踝放置于另一侧膝关节上方，保持头部及背部紧贴垫面。双手抱住下方腿的膝部，把腿用力拉向身体，直至对侧梨状肌有拉伸感。保持规定的时间，两侧交替进行，重复规定的次数。

训练目标
- 臀部柔韧性

目标肌肉
- 梨状肌、臀中肌、臀小肌

要点
- 重点体会梨状肌是否有拉伸感

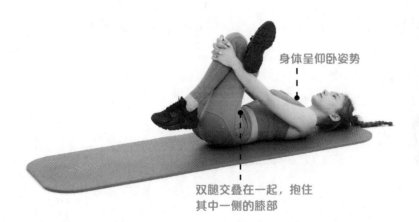

身体呈仰卧姿势

双腿交叠在一起，抱住
其中一侧的膝部

拉向身体使梨状肌产
生拉伸感

全程均匀呼吸

▌腿部拉伸

站姿－屈髋肌拉伸

站姿，双脚并拢，腰背挺直，双臂自然放在身体两侧。一侧腿向前跨步，同时身体下降做弓步动作，然后继续下降身体至大腿及髋部前侧肌群有中等强度的拉伸感，保持规定的时间，对侧亦然，重复规定的次数。

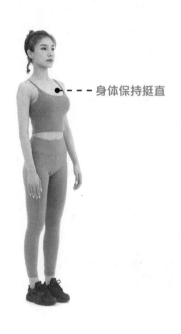

- - - - 身体保持挺直

训练目标
- 髋部柔韧性

目标肌肉
- 股四头肌、髂腰肌

要点
- 全程保持核心收紧，腰背挺直

身体下降做
弓步动作

大腿及髋部前侧
肌群产生拉伸感

全程均匀呼吸

股四头肌拉伸

呈坐姿，双手撑垫，一侧腿屈膝内旋至身体前方，另一侧腿向后伸直贴紧垫面。一侧手撑垫，保持身体稳定，另一侧手尽可能抓住伸直腿脚踝并拉向身体，直至股四头肌有中等强度的拉伸感。保持规定的时间，两侧交替进行，重复规定的次数。

训练目标
- 大腿前侧柔韧性

目标肌肉
- 股四头肌

要点
- 重点体会股四头肌的拉伸感

一侧腿伸直

一侧腿内旋至身体前方

尽可能将伸直的腿拉向身体

全程保持均匀呼吸

90度–腘绳肌拉伸

　　仰卧于垫子上，双脚并拢，双腿伸直，双手掌心向下放于身体两侧。一侧腿屈膝屈髋，双手抱于大腿后侧，然后尽可能伸膝至最大限度，感受大腿后侧的拉伸感，保持规定的时间。两侧交替进行，重复规定的次数。

训练目标
● 大腿后侧柔韧性

目标肌肉
● 腘绳肌

要点
● 拉伸时固定好下肢，同时避免对侧代偿

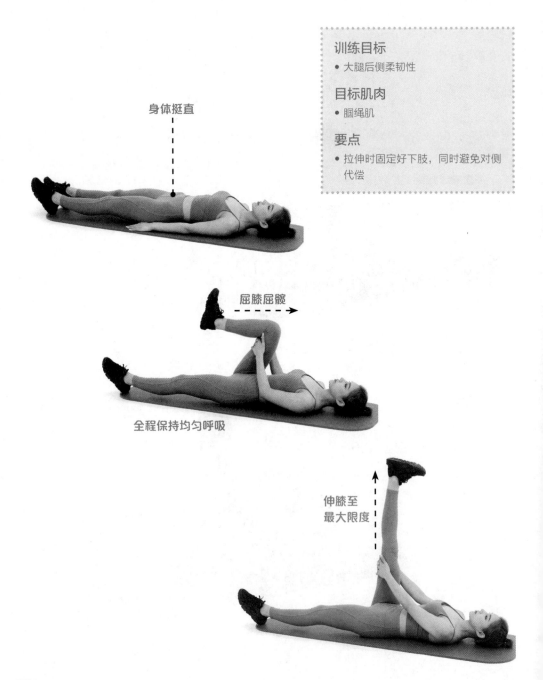

身体挺直

屈膝屈髋

全程保持均匀呼吸

伸膝至最大限度

站姿-比目鱼肌及跟腱拉伸

站姿，双脚前后开立，背部平直，腹部收紧，双手叉腰。一条腿向前跨出，双腿屈曲，身体下降，双脚保持贴在地上，直至后腿小腿后侧肌群有中等强度的拉伸感，保持规定的时间。回到起始姿势，两侧交替进行，重复规定的次数。

躯干挺直

一条腿
向前跨出

训练目标
- 小腿后侧柔韧性

目标肌肉
- 比目鱼肌、腓肠肌

要点
- 脚跟全程保持贴在地面上，不要抬起来

全程保持均匀呼吸

身体下降

双腿屈曲

回到起始姿势

腿部内收肌拉伸

　　双腿屈髋屈膝下蹲，至一侧大腿小腿完全贴合，身体重心移至该侧腿，对侧腿向外侧伸直，核心收紧，背部挺直，双手伸直支撑于身前的地面。臀部向下坐，直至伸直的腿大腿内收肌群有中等强度的拉伸感，保持规定的时间。两侧交替进行，重复规定的次数。

核心收紧，
躯干挺直

脚跟着地

训练目标
- 大腿内侧柔韧性

目标肌肉
- 大腿内收肌群

要点
- 被拉伸腿尽量伸直，重心腿全脚掌着地

大腿内收肌群产生
中等强度的拉伸感

一侧腿屈膝

一侧腿伸直

全程保持均匀呼吸

直腿－腓肠肌拉伸

呈俯卧撑姿势，双手伸直撑于垫面，一条腿伸直，脚尖撑垫，对侧腿屈膝并搭在伸直腿小腿上。伸直腿始终保持伸直的姿势，脚跟缓慢着垫，直至该腿腓肠肌有中等强度的拉伸感，保持规定的时间，两侧交替进行，重复规定的次数。

训练目标
● 小腿后侧柔韧性

目标肌肉
● 腓肠肌

要点
● 拉伸过程伸直腿的脚掌尽量贴紧垫面

躯干保持挺直

双臂伸直撑在垫面上

一侧腿伸直，另一侧腿屈膝并搭在伸直腿小腿上

全程保持均匀呼吸

腓肠肌产生拉伸感

211

制订健身方案与计划

在开始制订健身计划前，首先要设定健身目标，然后根据所在训练阶段和状态来制订适合自身的健身计划。

训练原则

训练分为有氧训练和力量训练两种，先做力量训练，再做有氧训练。这是多数人都适用的训练顺序。力量训练所需的能量较高，为避免因体力不支等问题而受伤，所以应先做力量训练。而有氧训练的风险较低，对力量要求不高，可安排在力量训练之后。无论是增肌还是减脂塑形，都建议先做力量训练，再做有氧训练。训练以有效、降低受伤风险和设备故障的可能性为原则。

▍合理安排运动量

首先要由小到大地安排运动量，将小、中、大的运动量有机结合，通常我们会以大、中运动量用于主要练习，小的运动量则用于大、中运动量之间的缓和运动。在练习初期，根据身体机能将运动量由小到大地进行增加。

▍全面发展身体素质

均衡锻炼所有体能要素，以提高整体水平。根据全面性原则进行肌力训练，均衡强化全身肌群和肌力很重要，要均衡锻炼肌群的爆发力、耐力、平衡力、肌力等体能要素。

根据个别性原则选择训练内容时，要考虑个人差异，如年龄、性别、体力、体格、健康状态、训练经验、训练目的等。

▍"大重量，少次数"与"小重量，多次数"

健身时，"大重量，少次数"主要是为了刺激肌肉生长，以及增加肌肉绝对力量，而"小重量，多次数"是为了锻炼肌肉的耐力，两者应该结合起来运用。训练时，如果强度不超过身体原来的负荷水平，就是无效的。根据超负荷原则，训练肌力时要循序渐进地提高负荷刺激（强度、运动量、功率等）。同时，要实现训练项目和负荷方式的高度化、效率化、细分化。

▌循序渐进

在制订健身计划时，应遵循循序渐进的原则，训练难度由低到高逐步提高。长期使用一种器械和动作进行复合阻力的训练会在力量达到一定程度后很难提升；而隔三岔五地进行一次大阻力和高强度的力量训练同样也会出现力量提升困难的情况。所以，力量训练要循序渐进，切忌盲目进行。

初级训练计划

针对初级健身爱好者，本书提供了6个同时兼顾上半身与下半身的全身训练计划（见表9-1~表9-6），以适配初学者自身实际需求或不同场地条件。帮助他们全面发展身体各个部位的力量和肌肉。通过全身训练，初级健身爱好者可以避免过度强调某个特定部位而导致身体不平衡的问题，同时也可以获得更好的力量和体态表现。

无论是想增强体力、减脂塑形还是提高运动表现，这些全身训练计划都能为初级健身爱好者提供指导和支持。通过坚持这些计划，他们可以享受到健身带来的积极变化，提升身体素质，并建立起持久的健康生活方式。

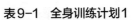

表9-1　全身训练计划1

动作名称	组数	次数或时间	强度	间歇	计划频率
坐姿－腿部推蹬－双腿	2	12次~15次	12RM~15RM	30~60秒/组	一周2~3次（每次训练应间隔48小时）
坐姿－划船	2	12次~15次	12RM~15RM		
坐姿－上斜推胸练习－横把位	2	12次~15次	12RM~15RM		
跪姿－卷腹	2	12次~15次	12RM~15RM		
慢跑	1	20分钟~30分钟	60%最大心率	无	

表9-2　全身训练计划2

动作名称	组数	次数或时间	强度	间歇	计划频率
坐姿－腿部推蹬－双腿	2	12次~15次	12RM~15RM	30~60秒/组	一周2~3次（每次训练应间隔48小时）
高拉－宽握－背肌练习	2	12次~15次	12RM~15RM		
坐姿－双向推胸练习－横把位	2	12次~15次	12RM~15RM		
提腿	2	12次~15次	12RM~15RM		
慢跑	1	20分钟~30分钟	60%最大心率	无	

表9-3　全身训练计划3

动作名称	组数	次数或时间	强度	间歇	计划频率
杠铃深蹲	2	12次~15次	12RM~15RM	30~60秒/组	一周2~3次（每次训练应间隔48小时）
坐姿－肩部推举练习－竖把位	2	12次~15次	12RM~15RM		
坐姿－肱三头肌双向－练习	2	12次~15次	12RM~15RM		
坐姿－手臂弯举练习	2	12次~15次	12RM~15RM		
自行车	1	20分钟~30分钟	60%最大心率	无	

表9-4　全身训练计划4

动作名称	组数	次数或时间	强度	间歇	计划频率
杠铃硬拉	2	12次~15次	12RM~15RM	30~60秒/组	一周2~3次（每次训练应间隔48小时）
绳索后拉（背）	2	12次~15次	12RM~15RM		
绳索下斜夹胸	2	12次~15次	12RM~15RM		
跪姿－绳索卷腹	2	12次~15次	12RM~15RM		
自行车	1	20分钟~30分钟	60%最大心率	无	

表9-5 全身训练计划5

动作名称	组数	次数或时间	强度	间歇	计划频率
杠铃深蹲	2	12次~15次	12RM~15RM	30~60秒/组	一周2~3次（每次训练应间隔48小时）
杠铃硬拉	2	12次~15次	12RM~15RM		
绳索胸部前推	2	12次~15次	12RM~15RM		
坐姿－绳索肩上推举	2	12次~15次	12RM~15RM		
跪姿－绳索卷腹	2	12次~15次	12RM~15RM		
椭圆机	1	20分钟~30分钟	60%最大心率	无	

表9-6 全身训练计划6

动作名称	组数	次数或时间	强度	间歇	计划频率
杠铃深蹲跳	2	12次~15次	12RM~15RM	30~60秒/组	一周2~3次（每次训练应间隔48小时）
杠铃硬拉	2	12次~15次	12RM~15RM		
卧推	2	12次~15次	12RM~15RM		
哑铃－仰卧－反向卷腹	2	12次~15次	12RM~15RM		
椭圆机	1	20分钟~30分钟	60%最大心率	无	

中级训练计划

对于有三个月以上健身经验的训练者，本书提供了一些中级训练计划，分为两分化训练和三分化训练。这些分化训练方案的目的是将训练分割开，每次只专注于训练部分肌肉群，而不是一次性训练所有肌肉。这种精细化的训练方法有助于更有针对性地发展特定的肌肉群，提高力量和形态。

对于有更高减脂、提升心肺功能需求的训练者，可以单独选择一周的1或2天作为有氧日，使用跑步机、椭圆机或者划船机等有氧器械完成有氧运动，整个运动强度控制在最大心率的60%~70%即可。

▌两分化训练

在两分化训练中，训练者将上肢和下肢的训练分隔开进行。这种训练方法可以确保每个肌肉群都得到充分的训练和休息。例如，在上肢训练中，你可以进行卧推、引体向上、肩部推举等针对胸部、背部和肩部的训练。而在下肢训练中，你可以进行深蹲、腿举、臀部推举等针对腿部和臀部的训练。通过这种分割的方式，训练者可以集中精力并更有效地进行每个部分的训练，同时也可以进行上、下半身的交替训练，对于训练不同的目标肌群，可以增加血液的快速流动，防止在同一目标肌群过度的乳酸堆积（见表9-7~表9-10）。

表9-7 两分化训练1-上肢训练计划

动作名称	组数	次数或时间	强度	间歇
坐姿-双向推胸练习-竖把位	3	10次~12次	10RM~12RM	30~120秒/组
坐姿-划船	3	10次~12次	10RM~12RM	
高拉-宽握-背肌练习	3	10次~12次	10RM~12RM	
坐姿-肩部推举练习-竖把位	3	10次~12次	10RM~12RM	
跪姿-绳索卷腹	3	10次~12次	10RM~12RM	

表9-8 两分化训练1-下肢训练计划

动作名称	组数	次数或时间	强度	间歇
杠铃深蹲	3	10次~12次	10RM~12RM	30~120秒/组
杠铃硬拉	3	10次~12次	10RM~12RM	
杠铃站姿提踵	3	10次~12次	10RM~12RM	
站姿-绳索腿外展	3	10次~12次	10RM~12RM	
站姿-绳索腿内收	3	10次~12次	10RM~12RM	

表9-9 两分化训练2-上肢训练计划

动作名称	组数	次数或时间	强度	间歇
绳索胸部前推	3	10次~12次	10RM~12RM	30~120秒/组
绳索后拉（背）	3	10次~12次	10RM~12RM	
坐姿-绳索肩上推举	3	10次~12次	10RM~12RM	
坐姿-绳索肩关节内收	3	10次~12次	10RM~12RM	
绳索肱二头肌弯举	3	10次~12次	10RM~12RM	
绳索肱三头肌下压	3	10次~12次	10RM~12RM	

表9-10 两分化训练2-下肢训练计划

动作名称	组数	次数或时间	强度	间歇
哑铃-单腿-硬拉	3	10次~12次	10RM~12RM	30~120秒/组
坐姿-腿部推蹬-双腿	3	10次~12次	10RM~12RM	
绳索腿后蹬	3	10次~12次	10RM~12RM	
坐姿-大腿外侧练习	3	10次~12次	10RM~12RM	
坐姿-大腿内侧练习	3	10次~12次	10RM~12RM	

▌三分化训练

另一种选择是三分化训练，将全身分为胸部和肩部、背部和手臂、腿部三个部分。这种方法进一步细分了训练重点，使每个部分的训练更加集中和全面。举例来说，在胸部训练中，你可以进行卧推、飞鸟等针对胸肌的训练。在背部训练中，你可以进行划船等针对背部的训练。而在腿部训练中，你可以进行深蹲、深蹲跳等针对腿部的训练。这样的划分可以帮助训练者更好地专注于每个部分的发展，从而达到更好的训练效果（见表9-11~表9-16）。

表9-11　三分化训练1-胸部和肩部训练计划

动作名称	组数	次数或时间	强度	间歇
卧推	3	10次~12次	10RM~12RM	30~120秒/组
坐姿-上斜推胸练习-竖把位	3	10次~12次	10RM~12RM	
坐姿-肩部推举练习-横把位	3	10次~12次	10RM~12RM	
跪姿-卷腹	3	10次~12次	10RM~12RM	

表9-12　三分化训练1-背部和手臂训练计划

动作名称	组数	次数或时间	强度	间歇
俯身-杠铃划船	3	10次~12次	10RM~12RM	30~120秒/组
高拉-宽握-背肌练习	3	10次~12次	10RM~12RM	
坐姿-手臂弯举练习	3	10次~12次	10RM~12RM	
坐姿-肱三头肌双向-练习	3	10次~12次	10RM~12RM	
坐姿-卷腹	3	10次~12次	10RM~12RM	

表9-13　三分化训练1-腿部训练计划

动作名称	组数	次数或时间	强度	间歇
杠铃深蹲	3	10次~12次	10RM~12RM	30~120秒/组
杠铃硬拉	3	10次~12次	10RM~12RM	
绳索腿后蹬	3	10次~12次	10RM~12RM	
坐姿-大腿外侧练习	3	10次~12次	10RM~12RM	
坐姿-大腿内侧练习	3	10次~12次	10RM~12RM	

表9-14　三分化训练2-胸部和肩部训练计划

动作名称	组数	次数或时间	强度	间歇
哑铃-仰卧-双臂胸前推举	3	10次~12次	10RM~12RM	30~120秒/组
坐姿-上斜推胸练习-横把位	3	10次~12次	10RM~12RM	
坐姿-肩部推举练习-竖把位	3	10次~12次	10RM~12RM	
提腿	3	10次~12次	10RM~12RM	

表9-15　三分化训练2-背部和手臂训练计划

动作名称	组数	次数或时间	强度	间歇
坐姿－划船	3	10次~12次	10RM~12RM	30~120秒/组
高拉－宽握－背肌练习	3	10次~12次	10RM~12RM	
绳索肱二头肌弯举	3	10次~12次	10RM~12RM	
绳索肱三头肌下压	3	10次~12次	10RM~12RM	

表9-16　三分化训练2-腿部训练计划

动作名称	组数	次数或时间	强度	间歇
双壶铃－相扑深蹲	3	10次~12次	10RM~12RM	30~120秒/组
双壶铃－单腿行李箱硬拉	3	10次~12次	10RM~12RM	
绳索腿后蹬	3	10次~12次	10RM~12RM	
站姿－绳索腿外展	3	10次~12次	10RM~12RM	
站姿－绳索腿内收	3	10次~12次	10RM~12RM	
站姿－绳索提踵	3	10次~12次	10RM~12RM	

高级训练计划

高级训练计划中包含了更多使用自由器械的训练，并且会有更多爆发性的练习，对于训练者的身体素质和经验要求更高。本书中的高级训练计划分为三分化训练、四分化训练、五分化训练，以及若干个高强度间歇训练，旨在帮助训练者达到更高的训练水平和体能水平。

在高级训练计划中，训练者将面对更复杂、更具挑战性的训练方式。自由器械的使用使得训练者需要更好地控制身体姿势和平衡，从而有效地激活目标肌肉群。这样的训练方式有助于培养身体的稳定性和协调性，提高整体肌肉力量和功能性。

三分化训练、四分化训练和五分化训练是健身训练中的常见划分方式。三分化训练将全身分为胸部与肩部、背部与手臂、腿部（见表9-17~表9-22），四分化训练则进一步将训练划分为胸部与肱三头肌、背部与肱二头肌、腿部、肩部（表9-23~表9-30），而五分化训练则更加详细地将全身分割为不同部位，如胸部、背部、腿部、肩部和手臂（见表9-31~表9-40）。这种划分方式使得训练者可以更加集中地训练每个部位的肌肉群，以达到更高的肌肉发展和力量提升。

此外，高级训练计划中还包括若干个高强度间歇训练（见表9-41~表9-45）。这种训练方式要求训练者在短时间内进行高强度的运动，然后进行短暂的休息，重复进行多个训练回合。高强度间歇训练有助于提升心肺耐力、增强肌肉耐力和提高代谢率。它对于训练者的心肺功能和体能要求更高，需要有一定的训练基础和适应能力。

对于追求进一步突破和挑战的训练者来说，高级训练计划将成为他们不断进步的关键。

需要注意的是，训练者在开始高级训练计划前，需要进行热身活动，充分地激活身体，可以很大程度降低训练者受伤的概率。

三分化训练

表9-17 三分化训练1-胸部和肩部训练计划

动作名称	组数	次数或时间	强度	间歇
上斜卧推	4	8次~10次	8RM~10RM	
卧推	4	8次~10次	8RM~10RM	
下斜卧推	4	8次~10次	8RM~10RM	30~120秒/组
俯身-绳索肩部侧拉	4	8次~10次	8RM~10RM	
卷腹	4	8次~10次	8RM~10RM	

表9-18 三分化训练1-背部和手臂训练计划

动作名称	组数	次数或时间	强度	间歇
俯身-杠铃划船	4	8次~10次	8RM~10RM	
跪姿-绳索高位交叉下拉（背）	4	8次~10次	8RM~10RM	
坐姿-手臂弯举练习	4	8次~10次	8RM~10RM	30~120秒/组
坐姿-肱三头肌双向-练习	4	8次~10次	8RM~10RM	
提腿	4	8次~10次	8RM~10RM	

表9-19 三分化训练1-腿部训练计划

动作名称	组数	次数或时间	强度	间歇
杠铃深蹲跳	3	8次~10次	8RM~10RM	
杠铃硬拉	3	8次~10次	8RM~10RM	
绳索腿后蹬	3	8次~10次	8RM~10RM	30~120秒/组
坐姿-大腿外侧练习	3	8次~10次	8RM~10RM	
坐姿-大腿内侧练习	3	8次~10次	8RM~10RM	

表9-20 三分化训练2-胸部和肩部训练计划

动作名称	组数	次数或时间	强度	间歇
哑铃-仰卧-飞鸟	4	8次~10次	8RM~10RM	
坐姿-上斜推胸练习-竖把位	4	8次~10次	8RM~10RM	
绳索下斜夹胸	4	8次~10次	8RM~10RM	30~120秒/组
站姿-肩外旋	4	8次~10次	8RM~10RM	
卷腹	4	8次~10次	8RM~10RM	

表9-21　三分化训练2-背部和手臂训练计划

动作名称	组数	次数或时间	强度	间歇
高拉-宽握-背肌练习	4	8次~10次	8RM~10RM	
绳索后拉（背）	4	8次~10次	8RM~10RM	
绳索肱二头肌弯举	4	8次~10次	8RM~10RM	30~120秒/组
绳索肱三头肌下压	4	8次~10次	8RM~10RM	
跪姿-绳索卷腹	4	8次~10次	8RM~10RM	

表9-22　三分化训练2-腿部训练计划

动作名称	组数	次数或时间	强度	间歇
哑铃-站姿-单臂强力推举	3	8次~10次	8RM~10RM	
双壶铃-单腿行李箱硬拉	3	8次~10次	8RM~10RM	
绳索腿后蹬	3	8次~10次	8RM~10RM	30~120秒/组
站姿-绳索腿外展	3	8次~10次	8RM~10RM	
站姿-绳索腿内收	3	8次~10次	8RM~10RM	
哑铃-坐姿-双侧提踵	3	8次~10次	8RM~10RM	

▎四分化训练

表9-23　四分化训练1-胸部和肱三头肌训练计划

动作名称	组数	次数或时间	强度	间歇
坐姿-双向推胸练习-竖把位	4	8次~10次	8RM~10RM	
坐姿-上斜推胸练习-竖把位	3	8次~10次	8RM~10RM	
绳索下斜夹胸	3	8次~10次	8RM~10RM	30~120秒/组
坐姿-肱三头肌双向-练习	4	8次~10次	8RM~10RM	
哑铃-仰卧-反向卷腹	4	8次~10次	8RM~10RM	

表9-24　四分化训练1-背部和肱二头肌训练计划

动作名称	组数	次数或时间	强度	间歇
俯身-杠铃划船	4	8次~10次	8RM~10RM	
跪姿-绳索高位交叉下拉（背）	4	8次~10次	8RM~10RM	30~120秒/组
坐姿-手臂弯举练习	4	8次~10次	8RM~10RM	
哑铃-站姿-躯干侧屈	4	8次~10次	8RM~10RM	

表9-25　四分化训练1-腿部训练计划

动作名称	组数	次数或时间	强度	间歇
杠铃深蹲	4	8次~10次	8RM~10RM	30~120秒/组
双壶铃-单腿行李箱硬拉	3	8次~10次	8RM~10RM	

动作名称	组数	次数或时间	强度	间歇
坐姿-大腿外侧练习	3	8次~10次	8RM~10RM	30~120
坐姿-大腿内侧练习	3	8次~10次	8RM~10RM	秒/组

表9-26　四分化训练1-肩部训练计划

动作名称	组数	次数或时间	强度	间歇
哑铃-坐姿-双臂锤式推举	4	8次~10次	8RM~10RM	
坐姿-肩部推举练习-竖把位	4	8次~10次	8RM~10RM	
俯身-绳索肩部侧拉	4	8次~10次	8RM~10RM	30~120 秒/组
站姿-肩外旋	4	8次~10次	8RM~10RM	
跪姿-卷腹	4	8次~10次	8RM~10RM	

表9-27　四分化训练2-胸部和肱三头肌训练计划

动作名称	组数	次数或时间	强度	间歇
卧推	4	8次~10次	8RM~10RM	
绳索胸部前推	4	8次~10次	8RM~10RM	
上斜卧推	3	8次~10次	8RM~10RM	30~120 秒/组
绳索下斜夹胸	3	8次~10次	8RM~10RM	
哑铃-仰卧-双臂单铃屈臂伸	4	8次~10次	8RM~10RM	
坐姿-卷腹	4	8次~10次	8RM~10RM	

表9-28　四分化训练2-背部和肱二头肌训练计划

动作名称	组数	次数或时间	强度	间歇
高拉-宽握-背肌练习	4	8次~10次	8RM~10RM	
绳索后拉（背）	4	8次~10次	8RM~10RM	
哑铃-俯身-双臂弯举起身	4	8次~10次	8RM~10RM	30~120 秒/组
绳索肱二头肌弯举	4	8次~10次	8RM~10RM	
卷腹	4	8次~10次	8RM~10RM	

表9-29　四分化训练2-腿部训练计划

动作名称	组数	次数或时间	强度	间歇
双壶铃-相扑深蹲	4	8次~10次	8RM~10RM	
双壶铃-单腿行李箱硬拉	3	8次~10次	8RM~10RM	30~120 秒/组
站姿-绳索腿外展	3	8次~10次	8RM~10RM	
站姿-绳索腿内收	3	8次~10次	8RM~10RM	

表9-30 四分化训练2-肩部训练计划

动作名称	组数	次数或时间	强度	间歇
坐姿-绳索肩上推举	4	8次~10次	8RM~10RM	30~120秒/组
俯身-绳索肩部侧拉	4	8次~10次	8RM~10RM	
俯身-杠铃划船	4	8次~10次	8RM~10RM	
站姿-招财猫	4	8次~10次	8RM~10RM	
提腿	4	8次~10次	8RM~10RM	

五分化训练

表9-31 五分化训练1-胸部训练计划

动作名称	组数	次数或时间	强度	间歇
卧推	4	8次~10次	8RM~10RM	30~120秒/组
坐姿-上斜推胸练习-竖把位	4	8次~10次	8RM~10RM	
绳索下斜夹胸	4	8次~10次	8RM~10RM	
跪姿-卷腹	4	8次~10次	8RM~10RM	

表9-32 五分化训练1-背部训练计划

动作名称	组数	次数或时间	强度	间歇
俯身-杠铃划船	4	8次~10次	8RM~10RM	30~120秒/组
高拉-宽握-背肌练习	4	8次~10次	8RM~10RM	
哑铃-俯身-双臂弯举起身	4	8次~10次	8RM~10RM	
哑铃-仰卧-反向卷腹	4	8次~10次	8RM~10RM	

表9-33 五分化训练1-腿部训练计划

动作名称	组数	次数或时间	强度	间歇
哑铃-单臂下蹲高翻	4	8次~10次	8RM~10RM	30~120秒/组
双壶铃-单腿行李箱硬拉	3	8次~10次	8RM~10RM	
坐姿-大腿外侧练习	3	8次~10次	8RM~10RM	
坐姿-大腿内侧练习	3	8次~10次	8RM~10RM	
坐姿-小腿训练	3	8次~10次	8RM~10RM	

表9-34 五分化训练1-肩部训练计划

动作名称	组数	次数或时间	强度	间歇
哑铃-坐姿-双臂锤式推举	4	8次~10次	8RM~10RM	30~120秒/组
俯身-绳索肩部侧拉	4	8次~10次	8RM~10RM	
站姿-肩外旋	4	8次~10次	8RM~10RM	
哑铃-仰卧-反向卷腹	4	8次~10次	8RM~10RM	

表9-35 五分化训练1-手臂训练计划

动作名称	组数	次数或时间	强度	间歇
哑铃-仰卧-双臂单铃屈臂伸	4	8次~10次	8RM~10RM	30~120秒/组
坐姿-肱三头肌双向-练习	4	8次~10次	8RM~10RM	
坐姿-手臂弯举练习	4	8次~10次	8RM~10RM	
卷腹	4	8次~10次	8RM~10RM	

表9-36 五分化训练2-胸部训练计划

动作名称	组数	次数或时间	强度	间歇
绳索胸部前推	4	8次~10次	8RM~10RM	30~120秒/组
绳索下斜夹胸	4	8次~10次	8RM~10RM	
坐姿-上斜推胸练习-横把位	4	8次~10次	8RM~10RM	
坐姿-卷腹	4	8次~10次	8RM~10RM	

表9-37 五分化训练2-背部训练计划

动作名称	组数	次数或时间	强度	间歇
跪姿-绳索高位交叉下拉（背）	4	8次~10次	8RM~10RM	30~120秒/组
绳索后拉（背）	4	8次~10次	8RM~10RM	
俯身-杠铃划船	4	8次~10次	8RM~10RM	
跪姿-绳索卷腹	4	8次~10次	8RM~10RM	

表9-38 五分化训练2-腿部训练计划

动作名称	组数	次数或时间	强度	间歇
哑铃-双臂下蹲高翻	4	8次~10次	8RM~10RM	30~120秒/组
双壶铃-单腿行李箱硬拉	3	8次~10次	8RM~10RM	
站姿-绳索腿外展	3	8次~10次	8RM~10RM	
站姿-绳索腿内收	3	8次~10次	8RM~10RM	
杠铃站姿提踵	3	8次~10次	8RM~10RM	

表9-39 五分化训练2-肩部训练计划

动作名称	组数	次数或时间	强度	间歇
哑铃-坐姿-双臂锤式推举	4	8次~10次	8RM~10RM	30~120秒/组
俯身-绳索肩部侧拉	4	8次~10次	8RM~10RM	
站姿-招财猫	4	8次~10次	8RM~10RM	
卷腹	4	8次~10次	8RM~10RM	

表9-40 五分化训练2-手臂训练计划

动作名称	组数	次数或时间	强度	间歇
哑铃-坐姿-双臂锤式推举	4	8次~10次	8RM~10RM	30~120秒/组
坐姿-手臂弯举练习	4	8次~10次	8RM~10RM	
哑铃-仰卧-双臂单铃屈臂伸	4	8次~10次	8RM~10RM	
哑铃-仰卧-反向卷腹	4	8次~10次	8RM~10RM	

高强度间歇训练

表9-41 高强度间歇训练计划1

动作名称	组数	次数或时间	强度	间歇
哑铃-站姿-单臂强力推举	8	20秒	8RM~10RM	10秒/组
哑铃-仰卧-飞鸟				
哑铃-俯身-双臂弯举起身				
哑铃-站姿-躯干侧屈				
哑铃-坐姿-双侧提踵				

表9-42 高强度间歇训练计划2

动作名称	组数	次数或时间	强度	间歇
杠铃深蹲跳	8	20秒	8RM~10RM	10秒/组
杠铃硬拉				
俯身-杠铃划船				
杠铃站姿提踵				
提腿				

表9-43 高强度间歇训练计划3

动作名称	组数	次数或时间	强度	间歇
坐姿-腿部推蹬-交替	8	20秒	8RM~10RM	10秒/组
坐姿-大腿外侧练习				
坐姿-大腿内侧练习				
坐姿-肩部推举练习-横把位				
坐姿-小腿训练				

表9-44　高强度间歇训练计划4

动作名称	组数	次数或时间	强度	间歇
卧推	8	20秒	8RM~10RM	10秒/组
双壶铃－相扑深蹲				
哑铃－仰卧－反向卷腹				
哑铃－站姿－躯干侧屈				
哑铃－仰卧－双臂单铃屈臂伸				

表9-45　高强度间歇训练计划5

动作名称	组数	次数或时间	强度	间歇
壶铃－挺举－单臂（壶铃单臂挺举）	8	20秒	8RM~10RM	10秒/组
哑铃－仰卧－双臂胸前推举				
绳索腿后蹬				
跪姿－绳索高位交叉下拉（背）				
跪姿－绳索卷腹				

常见问题与健身房礼仪

在健身训练中，不仅仅是健身新手，一些颇有经验的专业健身者也会经常遇到这样或那样的问题，本章我们就分享几组常见的健身问答，让你不做健身"小白"，科学、高效地健身。

健身问答

以下是笔者收集的一些关于健身者在锻炼过程中的常见问题，希望对你们有帮助。

▌我该如何将健身计划坚持下去？

在网络或现实中与朋友、家人分享你的健身计划和健身目标，这样从一开始，你就拥有了一个"后援团"。

在显眼的位置放些自己不那么好看的照片，提醒自己偷懒的代价。

戒掉不健康饮食，可以自己下厨准备一些健康食品，这么做可以有效控制热量摄入。

不要给自己找借口的机会，你可以在办公室或车的后备箱放些运动穿的衣服。

换不同类型的音乐混合播放，有助于保持高涨的训练激情，提升训练专注程度。当你习惯听某些音乐时，就该调整歌单了。

当在跑步或训练过程中感到疲惫时，试着再坚持一会儿，想象自己完成时的成就感和满足感。这也会让你在下次训练时更有冲劲。

认识一些期待在健身房或训练课堂上见到你的朋友。

▌在运动时要穿压缩衣吗？

压缩衣的到来被认为是健身房健身者的福音。压缩衣的面料具有较强的弹性，可用来做长袖、短袖、紧身长裤和短裤，还可以用来做护腕、护膝、护肘等一系列配件。

压缩衣通常在剧烈运动和爆发运动中或之后使用，被认为能有效缓解酸痛、加速肌肉恢复，减轻由于体液和压力增加和堆积而产生的炎症，加速受损区域的血液循环，从而缓解疼痛。压缩衣还可以让血液在为肌肉供氧后加速流向心脏，帮助你完成强度更大、时间更长的训练。

▌必须要戒掉甜食吗？

关于甜食，也没太多优点可说。当开始健身时，要避免或限制加工食品和甜食的摄入。那些食品的热量并不能提供太多营养。

我们都知道，坚持健身计划不是一件简单的事。如果你对食物保持警惕，或是一直吃得比较健康，对自己的一点点小奖励能带来不少益处。你可以在完成一定目标时，吃少量甜点，但是要确保这样的放纵最多一周一次。你也可以偶尔安排一次"欺骗餐"——期望这种每周一次的挥霍会减轻坚持健身带来的压力。

▌肌肉是如何增长的？

肌肉的增长是指肌肉体积变大，这是身体适应抗阻训练的结果。常见的抗阻训练的结果有两种：肌质肥大和肌纤维肥大。前者是由于肌糖原存储量增加，体现在专业健美运动员身上。后者则是由于肌纤维（由肌细胞组成）体积增加，体现在力量举运动员、举重运动员和力量型运动员身上。这两种情况并不是独立发生的，所以健美运动员和力量竞技运动员的力量、肌肉体积之间的差别都比较小。对普通的健身者来说，持续渐进地增加运动强度，如增加阻力或重复次数，都可以获得肌肉增长的效果。

▌为什么要做超级组？

超级组可以让肌肉在短时间内得到更多锻炼，同时也能带来其他好处，如增加训练强度、心率和热量燃烧。对于氧气需求较大的大肌群，如胸部和背部的肌群，超级组能够带来更大的益处。你可以利用超级组锻炼同一个身体部位，或同时锻炼两个不同的部位。有效的组合包括上斜卧推加高位下拉、推肩加引体向上、飞鸟夹胸加反向飞鸟。从重复5~8次开始，逐渐增加到重复10~12次。用3秒时间放下重量，用2秒时间举起重量。刚开始使用的重量应当比平时使用的重量更轻。

▌我应该使用腿内收器械吗？

锻炼腿内侧的器械叫作腿内收器械，重点锻炼髋内收肌群。大腿内侧肌肉能够帮助我们稳定骨盆和膝关节，提升身体平衡力，是人体较大的肌肉之一。让这些肌肉保持健康、有力非常重要。腿内收器械存在很大争议，因为很多人认为它起不到太大作用。而更多专家声称，虽然腿内收器械无法起到明显的减脂的效果，但内收肌的加强有助于提升骨密度和强化结缔组织。其也是下肢训练中最容易使用的器械，但是更多健身者会使用站姿多功能髋部器械，因为它会更多地锻炼到走路、跑步或旋转时需要用到的肌肉。

▌为什么要使用壶铃？

多数有健身经验的人都会选择自由重量进行训练，而健身新手往往会被各式各样的动作吓到。因为未掌握正确的训练方法，他们很少会使用有价值的健身工具。壶铃异于传统的设计也许看上去"可怕"，但你可以在壶铃训练中同时增加肌肉量、减少脂肪、提高活动度和耐力，提高身体的基础代谢率。同时壶铃是特别好的提高身体本体感受、神经－肌肉协作能力的工具，原因在于做动作时，由于壶铃在手中的重心一直在变，从而会引起重心单元（Center of Gravity Unit, COGU）的改变，在康复领域，壶铃的利用率也非常高。所以，为什么不试一试呢？使用时要确保遵循书中的要领，或是咨询私人教练该如何使壶铃训练和其他自由重量训练的效果最大化。

▌什么时候应当拉伸？

将益处颇多的拉伸纳入训练计划，已广泛被健身教练认可。但拉伸的安排、时长、动作种类和强度仍存在极大的争议，不同的健身教练会给出不同的答案。你可以在训练中或训练后进行拉伸，但在拉伸前一定要保证肌肉已处于激活状态。虽然在冷身状态下，一些小幅度的拉伸并不会引起肌肉损伤，但最安全的做法是当身体热起来、逐渐做好运动准备时再做拉伸练习。在组间休息时适当拉伸目标肌群是非常明智的做法，它能够保证身体一直处于温热和灵活的状态中。

如何在办公室保持健康？

在办公的间歇时间健身有助于消除久坐带来的健康威胁——体力运动减少所带来的危害甚至超过了肥胖。每隔一段时间就站起来活动一下身体，可以走动、拉伸肌肉、做一些简单的运动，这有助于促进血液循环，减轻身体的疲劳感。如果你的工作需要长时间坐在电脑前，可以考虑购买一个立式办公桌，这样可以轻松地转换工作姿势，有助于保持身体的健康。此外，正确的坐姿很重要，可以减轻背部和颈部的负担。不要低头看电脑屏幕，尽量使眼睛与屏幕保持同一高度。

拉伤或扭伤怎么办？

健身教练经常听到"拉伤或扭伤怎么办"的问题。拉伤和扭伤有明显的区别。拉伤和扭伤都会使身体的支撑框架，如骨头、肌肉、肌腱、韧带，受到影响。

当肌肉或肌腱与肌肉连接处被拉伤或撕裂，这样的损伤叫作拉伤。严重的拉伤发生在肌肉和肌腱的连接处。跑、跳时肌肉突然被过度拉长会导致拉伤。慢性的拉伤通常由过度训练或重复损伤造成，如打网球挥拍很容易造成肘关节的肌腱发炎，形成肌腱炎。拉伤伴随的症状还包括剧痛、肿胀、挫伤、红肿，冰敷、加压、抬高、休息可缓解拉伤疼痛。

韧带是连接骨头的组织。扭伤包括韧带或关节囊的过度拉伸或撕裂。让关节做超出活动度的动作，如脚踝过度内翻，是踝关节扭伤的最常见原因。扭伤时，会感到疼痛和出现肿胀，同时因为韧带有维持关节稳定的作用，短时间内，还会无法正常自如地活动四肢。

无论是拉伤还是扭伤，都需要尽早地就医。在合理的照料下，这些受伤部位都会恢复，不会成为长期的困扰。

健身房礼仪

健身房是生活圈的一部分，在健身房里也要与人打交道，因此在健身房也有必须遵守的礼仪。

▊咨询健身专家

如果你注意到有健身房训练者的身体状况可以激励你，或者你想知道别人是如何实现目标的，你也想实现那样的目标，不妨向他们请教。确保等到他们训练结束或休息时再去请教。你注意到了他们的训练成果，大部分人会因此觉得很开心，也会乐于给予帮助，只要你请教他们的方法得当。

你也可以向一些私人教练寻求建议或是他们对各种课程的看法。注意，他应当指导过与你健身水平相仿的训练者，且能与这样的训练者相处融洽。至少你可以获取一些有用的信息，或者（更好的是）可以结识一些新朋友或训练伙伴。

▊表示爱护

要时刻爱护健身房的器械，特别是在使用杠铃和哑铃时。记住这些都是坚硬的重物，粗心大意或错误的举动，有可能在瞬间带来伤害。所以使用它们时一定要足够小心和爱护：当周围有人时，不要将杠铃、哑铃、杠铃片甩来甩去，也不要在完成一组动作后直接将它们扔在地上。使用完这些器械后，记得把它们放回原来的位置，以便别人使用。

▊用完归位

当你使用完哑铃、杠铃、杠铃片等自由重量之后，一定要将它们放回原位。用完腿举机后不要忘记将杠铃片拿下来，放到杠铃片架子上。用完的设备，如哑铃、杠铃、杠铃片不要随意乱扔，这些都是非常不文明的举动，也很容易伤到他人和自己，并且在训练之前应该学会动作开始和结束时，哑铃或杠铃的"拿起"和"放下"的技巧。如果掌握其技巧，即使当你做到力竭时，也一定有能力将它们放回原位，这样会降低自己和他人的受伤风险，提高训练效率。体谅和礼貌会让健身房里的一切变得更加美好。

▌关注自己

无论你是健身高手，还是健身新手，不要过度关注别人。无论你有多么羡慕别人的体形和肌肉线条，记得不要一直盯着别人看，更不要随意拿手机拍摄别人，如果想自拍，切记不要拍到他人（隐私权），专注于自己的训练，总有一天，你也会成为健身高手。

▌找到自己的空间

在任何地方锻炼都需要注意礼仪，尤其是在空间较小的室内。训练动作幅度偏大的人通常会选择空间较大、人员较少的位置进行练习，而训练动作固定且动作幅度小的人则会选择在不妨碍其他人的空间中进行练习。当进行一些动作幅度较大的训练时，要时刻留意后方是否有人经过。必要时可以停止动作，待其他人通过后再进行，避免双方碰撞受伤。

▌保持距离

我们都知道，在高峰时段健身房会变得拥挤。不侵占他人空间是健身房的基本礼仪，也是出于安全考量。训练者在使用自由重量和绳索器械时都需要一定空间，所以不要在其他训练者身边或器械区域闲晃。如果你在训练，请勿阻碍他人的道路。也不要在人流较大的地方，或在他人需要经过的门口训练。请勿离哑铃架或杠铃架太近，否则会妨碍他人使用器械，也容易导致自己受伤，是很危险的行为。面对镜子训练前，先确保自己没有挡住他人的视线。别把自己的私人物品放在器械上，或是过道上。

▌保持整洁

健身房的设备每天会被许多训练者高频次地使用，无论是杠铃、哑铃、深蹲架、卧推凳、跑步机还是固定自行车。随身携带一块小毛巾，擦拭自己使用过的器械，这不仅是出于礼貌，也为了防止细菌、病毒的扩散。再次强调，有礼貌和体谅他人是健身房训练者最需具备的两种品质。

▌静音、沉心

健身房虽然不可能像图书馆那样安静，但是尽可能地降低噪声也是非常必要的，在中高强度的训练中，切记要控制好自己的声音，特别是在瑜伽或普拉提的课堂上。最好将手机放在自己的包里，但如果必须随身携带，请将手机调至静音模式，以免打扰他人。如果你有电话必须接听，请去走道或者停车场接听。也不要在使用器械时接听电话，尤其是有人在旁边等待时，否则他人会认为，你将关注点放在自己的电话，而不是训练上。

▌轮流使用器械

现代生活节奏很快，人们走进健身房时也希望能短时高效，可以节省更多的时间。当其他训练者在使用你最喜欢的器械，或是在使用你训练需要用到的器械时，你有以下几种选择：你可以询问他还有多少组动作没有做完，也可以选择等待或寻找其他可替代的器械。

作者简介

杨斌，卡玛效能运动科技创始人

有氧训练专家 | 标准制定者

卡玛效能 | 精准系列认证课程创始人

-精准评估 Precision Assessment® | 精准训练 Precision Training®

-精准减脂 Precision Weight Loss® | 精准力量 Precision Strength®

-精准伸展 Precision Stretching® | 精准营养 Precision Nutrition®

-精准康复 Precision Rehabilitation®

精准减脂管理软件创始人

中国国家队国奥精准营养管理软件核心设计人员

曾任美国运动医学会（ACSM）、美国国家体能协会（NSCA）、国际运动科学协会（ISSA）中国区讲师

国家体育总局行业职业技能鉴定专家委员会专家

耐克Nike大中华区顾问导师

CCTV-5特邀运动健康专家

北京特警总队体能顾问、贵阳市公安局警训部体能顾问

2003年全国健美锦标赛青年75公斤级冠军

著有《家庭健身训练图解》

译有《精准拉伸：疼痛消除和损伤预防的针对性练习》《拉伸致胜：基于柔韧性评估和运动表现提升的筋膜拉伸系统》等作品

李硕，卡玛效能运动科技联合创始人

精准减脂 Precision Weight Loss®、有氧能力评估与训练专家，两项认证课程联合创始人兼项目负责人、主讲师

北京体育大学运动人体科学专业运动解剖方向硕士，首都体育学院运动科学与健康学院康复专业学士

自2010年起长期从事健身教练国家职业资格认证指导师和考评员工作，并受聘于中央电视台、贵阳市公安局警训部、耐克中国等机构，担任顾问或讲师职务

译有《周期力量训练（第3版）》一书

邢磊

韦德伍斯健身私人教练总监－主要负责课程的研发、教练的培训等工作

沈阳体育学院外聘教师－负责学校健身课程的授课

耐克 NIKE 大中华区签约教练

ACE 美国运动委员会中国区培训师

奥力来运动健身学院首席讲师

TRX STC/FTC 国际导师

BOSU 国际导师

KBC Level1、Level2 国际导师

连续6年前往美国深造学习，完成了 EXOS1-3级的学习，并与 EXOS 公司创始人马克·沃斯特根进行了训练上的交流；在佛罗里达与 IHP 创始人、功能性训练大师 JC 交流学习；参观全美的连锁品牌俱乐部，吸取他们在运营上的经验

从业时间12年，始终在一线进行教学和管理等工作。2013年获得"全国健身榜样"称号

在线视频访问说明

本书提供了部分动作教学视频，您可以按照以下步骤，获取并观看本书配套视频。

步骤1

● 点击微信聊天界面右上角的"+"，弹出功能菜单（图1）。点击"扫一扫"，扫描下方二维码。

步骤2

● 添加"阿育"为好友（图2），进入聊天界面并回复关键词【55756】（图3），等待片刻。

图1 图2 图3

步骤3

● 点击弹出的视频链接,进入视频列表(图4),再次点击视频名称即可直接观看视频(图5)。

图4　　　　　　　　图5